# #VIDAAOMÁXIMO

Publicações
Pão Diário

▶ **90** REFLEXÕES PARA TEENS

# #VIDAAOMÁXIMO

## MELODY **CARLSON**

Copyright © 2009 by Melody Carlson
Originally published in English under the title *Life*
by Revell a division of Baker Publishing Group,
Grand Rapids, Michigan, 49516, U.S.A.
All rights reserved.

Coordenação editorial: Dayse Fontoura
Tradução: Wilson Ferraz de Almeida
Edição: Dayse Fontoura, Thaís Soler, Lozane Winter, Rita Rosário
Projeto gráfico: Audrey Novac Ribeiro
Capa e diagramação: Audrey Novac Ribeiro
Foto da capa: por Dudarev Mikhail, © Shutterstock

Dados Internacionais de Catalogação na Publicação (CIP)

| |
|---|
| Carlson, Melody |
| #*Vidaaomáximo* — 90 reflexões para teens. Tradução: Wilson Ferraz de Almeida — Curitiba/PR, Publicações Pão Diário. |
| Título original: *Life: A Teen Devotional (Words from the Rock)* |
| 1. Religião prática    2. Vida cristã    3.Meditação e devoção |

Proibida a reprodução total ou parcial, sem prévia autorização, por escrito, da editora.

Todos os direitos reservados e protegidos pela Lei 9.610, de 19/02/1998.
Permissão para reprodução: permissao@paodiario.org

Exceto quando indicado o contrário, os trechos bíblicos mencionados são da Nova Tradução na Linguagem de Hoje © 2011 Sociedade Bíblica do Brasil.

Publicações Pão Diário
Caixa Postal 4190,
82501-970 Curitiba/PR, Brasil
publicacoes@paodiario.org
www.publicacoespaodiario.com.br
(41) 3257-4028

Código: GL480
ISBN: 978-1-68043-279-4

1ª edição: 2017

Impresso no Brasil

# INTRODUÇÃO

Não cresci numa família que tradicionalmente ia à igreja. Na realidade, aos 12 anos "de maturidade" eu me definia como ateia. Isso, por alguma razão, fazia sentido para mim, pois não via sinais de Deus e, portanto, pensava que Ele provavelmente não existia. Acho que secretamente esperava que Ele me corrigisse. Ainda bem que, quando eu tinha 15 anos, Ele o fez. No período de uma semana, tive uma virada de 180 graus de uma ateísta declarada para uma entusiasmada cristã.

Eu não sabia nada sobre a Bíblia e não fazia ideia de por onde começar. Assim, comecei lendo, estudando e memorizando as Escrituras. Devo estar tentando recuperar o tempo perdido, desde então, já que meus amigos cristãos pareciam saber muito mais do que eu sobre a Bíblia. Meu objetivo era absorver o máximo que pudesse das Escrituras. E é isso que tenho feito por anos.

Então, certo dia, percebi que me sentia totalmente saciada — como uma pessoa que tivesse ficado tempo demais assentada à mesa num Natal. Desta forma, entrei num jejum da Palavra — coloquei-a na gaveta e não a abria. Não que o recomende a todos, mas me parecia ser exatamente o que eu precisava.

Depois de algum tempo, sabia que era hora de ler as Escrituras de novo, mas queria fazer algo diferente. Desta vez, decidi focar somente nas palavras de Jesus. Comprei uma Bíblia com letras vermelhas (na qual as palavras de Jesus são todas impressas em vermelho) e li somente essas partes. Foi tremendo! Percebi que as palavras de Cristo eram verdadeiramente palavras de vida e que eram exatamente as palavras que minha vida necessitava.

Espero que você experimente o mesmo tipo de vida, enquanto lê estes devocionais — o tipo de vida que vem diretamente do Único que pode lhe dar vida verdadeira, Aquele que quer estar na sua linha de vida. Jesus é o caminho, a verdade e a VIDA.

# 1. SEMENTES À BEIRA DO CAMINHO

▶ APRENDENDO DE **JESUS, A ROCHA**

> *...Certo homem saiu para semear. Quando estava espalhando as sementes, algumas caíram na beira do caminho, e os passarinhos comeram tudo.* MATEUS 13:3,4

Certo dia, Jesus contou esta parábola para uma multidão à beira do lago. Muitas vezes Jesus usava parábolas, que eram relatos baseados em fatos, com o objetivo de ensinar importantes lições de vida — provavelmente porque Ele sabia que conseguimos nos lembrar mais facilmente de uma história prática do que uma cansativa palestra de doze subdivisões. Ele também sabia que muitos ouvintes não conseguiriam entender completamente o significado da história na primeira vez que a ouvissem, mas talvez depois de algum tempo (à medida que fosse contada outras vezes), a verdade poderia ser gravada na mente.

Nesta história, o campo representa o nosso coração. Em outras palavras, Jesus compara nosso coração a um campo de terra (Antes que você se sinta ofendido, lembre-se de que Deus formou o ser humano do pó da terra). A semente, nesta parábola, representa o evangelho — as boas-novas de que Jesus era o Filho de Deus enviado à Terra para oferecer à humanidade um novo e aperfeiçoado relacionamento com Deus. Infelizmente, nem todos os que ouvem essa boa-nova costumam levar a sério a mensagem, e é isso que a parábola explica.

A reação de alguns ouvintes é como se fosse uma velha estrada. A semente cai em terra batida e fica apenas na superfície, não conseguindo penetrar na camada dura da terra daquele solo muito percorrido. É como se a estrada rejeitasse a semente. É o mesmo que acontece com as pessoas que têm o coração e mente endurecidos. Não estão dispostas a ouvir, e simplesmente rejeitam as boas-novas assim que lhes são apresentadas. Poderia se dizer que é um desperdício das sementes. De fato, Jesus relata que os pássaros aparecem e comem essas sementes — as preciosas boas-novas nada mais são, para essas pessoas, do que inúteis sementes de alpiste.

Talvez pensemos que não estamos incluídos nessa categoria de sementes de alpiste à beira do caminho, mas há momentos em que qualquer um de nós pode estar com o coração um pouquinho endurecido — momentos em que podemos escolher desobedecer ao Senhor ou rejeitar a verdade que Ele está nos mostrando. Jesus não quer que tratemos Suas palavras como sementes de alpiste. Ele deseja corações amolecidos e prontos para receber Suas boas-novas, permitindo que elas cresçam e criem raízes bem fortes.

## ▶ MINHA ORAÇÃO

*Querido Deus,*
*Por favor, mantém meu coração como um solo bem preparado (com Tua Palavra e Tua verdade), de modo que, ao contrário de ser como semente de alpiste, minha fé crie raízes profundas em ti.*

## ▶ PAVIMENTANDO O CAMINHO

Não vou permitir que meu coração se torne insensível em relação a Deus.

## ▶ PALAVRA FINAL

*As pessoas que ouvem a mensagem do Reino, mas não a entendem, são como as sementes que foram semeadas na beira do caminho. O Maligno vem e tira o que foi semeado no coração delas.* MATEUS 13:19

# 2. SEMENTES EM MEIO ÀS PEDRAS

## ▶ APRENDENDO DE **JESUS, A ROCHA**

> *Outra parte das sementes caiu num lugar onde havia muitas pedras e pouca terra. As sementes brotaram logo porque a terra não era funda. Mas, quando o sol apareceu, queimou as plantas, e elas secaram porque não tinham raízes.* MATEUS 13:5,6

Agora Jesus estava falando sobre outro desafio para o semeador. Estas sementes em particular (ainda representando as boas-novas de Jesus), caíram num terreno pedregoso — uma terra que não havia sido lavrada, cultivada, nem mesmo parecia apropriada para o plantio. Um terreno acidentado, irregular, cheio de pedras, e, basicamente, um tipo de solo onde não poderia brotar quase nada (além de algumas ervas daninhas, que poderiam existir num dia e desaparecer no outro).

Este terreno pedregoso representa aqueles que estão dispostos a ouvir as boas-novas. Eles podem até apresentar uma reação positiva ao evangelho — inicialmente — mas não vão além disso. Não têm um lugar reservado em sua vida para acolher, de verdade, as palavras de Deus e Suas promessas. Assim, adotam um tipo de fé de acordo com as circunstâncias. Talvez digam: "Sim, eu sei que Jesus é real e que se preocupa comigo, e isso é muito bom", mas eles não compreendem toda a dimensão do relacionamento com Deus. Para eles, a fé não é mais do que uma "mania" passageira — e quando chegam os tempos difíceis, a abandonam do mesmo jeito que deixam para trás as tendências da moda do ano passado.

Essas pessoas são como plantas que crescem sem criar um forte sistema de raízes. As sementes caem entre as pedras e o solo endurecido, com pouca terra — com a chegada de uma chuva de primavera, a planta germina e pode parecer saudável por algum tempo. Mas com o calor e a chegada dos dias ensolarados, a planta, que não tem raízes profundas, simplesmente murcha e logo desaparece, como se fosse uma erva daninha. Essas pessoas que têm um comprometimento fingido com Cristo, mas que realmente não levam isso a sério, acabam murchando espiritualmente, fazendo sua fé desaparecer.

Jesus deseja que tenhamos raízes espirituais saudáveis e profundas nele, as quais possam fortalecer nossa fé. Então poderemos crescer e florescer mesmo nos tempos de seca.

### ▶ MINHA ORAÇÃO

*Querido Deus,*
*Por favor, ajuda-me a estabelecer raízes fortes no Senhor, de modo que eu permaneça firme, mesmo que venham tempestades ou tempos de seca em meu caminho. Amém.*

### ▶ PAVIMENTANDO O CAMINHO

Vou aprofundar minhas raízes em Deus.

### ▶ PALAVRA FINAL

*As sementes que foram semeadas onde havia muitas pedras são as pessoas que ouvem a mensagem e a aceitam logo com alegria, mas duram pouco porque não têm raiz. E, quando por causa da mensagem chegam os sofrimentos e as perseguições, elas logo abandonam a sua fé.* MATEUS 13:20,21

# 3. SEMENTES ENTRE ESPINHEIROS

## ▶ APRENDENDO DE **JESUS, A ROCHA**

*Outras sementes caíram no meio de espinhos, que cresceram e sufocaram as plantas.* MATEUS 13:7

Esta terceira categoria na parábola do semeador é interessante. Como podemos observar, estas sementes caíram numa terra relativamente boa, pois as plantas realmente cresceram. O único problema era a presença de ervas daninhas e espinheiros crescendo juntos no mesmo tipo de solo. A questão com as ervas daninhas e os espinheiros é que eles absorvem toda a água, a luz solar e os nutrientes do solo, e assim acabam se espalhando e sufocando uma planta saudável.

Este campo infestado de ervas daninhas representa aqueles que ouvem e têm desejo de receber as boas-novas de Jesus. A semente é plantada alegremente no seu coração, onde o solo parece bem lavrado e preparado para o cultivo; a semente cria raízes e brota. Tudo parece bem, certo? Apenas um detalhe: ela não é a única planta que está ocupando aquele espaço. É claro que, no começo, aquelas pequenas ervas daninhas não representam uma ameaça terrível. Quem sabe até produzam flores. Mas se elas crescerem, tomarão o controle de tudo e acabarão arruinando todo o jardim.

Ervas daninhas e espinheiros são símbolos de pecado. Assim como essas ervas podem se espalhar por uma plantação, o pecado pode dominar o nosso coração. Precisamos confessar nossos pecados a Deus e receber o Seu perdão, mas isso não é tudo. Assim como faz um agricultor, que diligentemente arranca as ervas daninhas de sua plantação, Deus deseja que arranquemos o pecado de nossa vida pela raiz. Ele sabe que se não nos preocuparmos com essas ervas daninhas, continuando a fazer aquilo que sabemos ser errado, essas plantinhas nos dominarão e possivelmente farão nossa fé murchar completamente.

## ▶ MINHA ORAÇÃO

*Querido Deus,*
*Obrigado por Teu perdão. Sei que o pecado é tão comum quanto as ervas daninhas, mas, por favor, ajuda-me a destruí-lo todos os dias. Amém.*

## ▶ PAVIMENTANDO O CAMINHO

Não vou permitir que o pecado destrua a minha fé.

## ▶ PALAVRA FINAL

*Outras pessoas são parecidas com as sementes que foram semeadas no meio dos espinhos. Elas ouvem a mensagem, mas as preocupações deste mundo e a ilusão das riquezas sufocam a mensagem, e essas pessoas não produzem frutos.*
MATEUS 13:22

# 4. SEMENTES EM BOA TERRA

## ▶ APRENDENDO DE **JESUS, A ROCHA**

> Mas as sementes que caíram em terra boa produziram na base de cem, de sessenta e de trinta grãos por um. Jesus terminou, dizendo: Se vocês têm ouvidos para ouvir, então ouçam. MATEUS 13:8,9

No final da parábola em que Jesus fala a respeito do desafio de plantar as sementes, finalmente ouvimos sobre as sementes que não apenas sobreviveram, mas cresceram e floresceram. Jesus simplesmente disse: "Algumas sementes caíram em boa terra." Mas o que isto significa? O que torna uma terra boa?

Jesus começa esta parábola dizendo que um agricultor saiu para plantar as suas sementes. Bem, se você perguntar a um agricultor experiente sobre a melhor forma de plantar uma colheita bem-sucedida, ele logo vai explicar tudo sobre a preparação do campo. Sugerirá os nutrientes para o solo e mostrará a importância de lavrar e revirar a terra. E por fim, vai ensinar sobre o tempo certo que é extremamente importante.

Bem, o que nosso coração tem em comum com a terra? Para começar, precisamos ser "lavrados" (outra palavra para *lavrar* é *quebrar* o solo). Algumas vezes isso acontece quando a vida parece nos quebrar e nos revolver, a fim de que estejamos prontos para ouvir e receber as boas-novas de Deus. É como se esses tempos difíceis tivessem a capacidade de lavrar e amolecer o nosso coração.

Há também a questão do tempo certo. Somente um agricultor irresponsável tentaria plantar suas sementes numa terra dura e congelada, mas um inverno rigoroso também ajuda a preparar o solo para o plantio. Há momentos em nossa vida quando nos sentimos como se estivéssemos passando pelo inverno — o qual, no entanto, poderia estar sendo usado para preparar nosso coração. Então chega a primavera e, como o solo que se torna aquecido e macio, nosso coração também está preparado para receber a semente. No tempo certo, as sementes são plantadas, o solo está fertilizado, as plantas germinam e na hora certa — vem a colheita!

Jesus descreve esta colheita como algo que superou os mais incríveis sonhos do agricultor. Ele quer dizer que isto é apenas o começo, porque quando Suas sementes crescem fortes e saudáveis em nós, não podemos deixar de produzir mais e mais sementes que partilhamos com os outros e o cultivo da fé se torna cada vez maior.

Ao terminar a parábola, Jesus faz uma pergunta categórica: "Vocês estão ouvindo? Podem ouvir o que estou dizendo para vocês?". Esta mensagem é vital, por isso Ele quer que realmente entendamos.

## ▶ MINHA ORAÇÃO

*Querido Deus,*
*Desejo que o meu coração seja lavrado e esteja pronto para receber a semente da fé. Ajuda-me a ser paciente quando o meu coração fica dolorido e parece que estou vivendo num tempo de inverno. Creio no Teu tempo certo. Amém.*

## ▶ PAVIMENTANDO O CAMINHO

Eu quero submeter o meu coração a Deus para que Ele possa lavrá-lo e torná-lo pronto para receber as Suas sementes de fé.

## ▶ PALAVRA FINAL

*E as sementes que foram semeadas em terra boa são aquelas pessoas que ouvem, e entendem a mensagem, e produzem uma grande colheita: umas, cem; outras, sessenta; e ainda outras, trinta vezes mais do que foi semeado.* MATEUS 13:23

# 5. PEÇAS DE UM QUEBRA-CABEÇAS

▶ APRENDENDO DE **JESUS, A ROCHA**

> *Jesus respondeu: A vocês Deus mostra os segredos do Reino do Céu, mas, a elas, não. Pois quem tem receberá mais, para que tenha mais ainda. Mas quem não tem, até o pouco que tem lhe será tirado. É por isso que eu uso parábolas para falar com essas pessoas. Porque elas olham e não enxergam; escutam e não ouvem, nem entendem.*
>
> MATEUS 13:11-13

Jesus está respondendo à pergunta feita por Seus discípulos sobre a razão de Ele usar muitas vezes histórias para ensinar o povo. Primeiro, Ele lhes lembra que já lhes tinha revelado quase tudo em relação à fé e a Deus. Jesus explica que esses 12 homens escolhidos por Ele eram capazes de compreender algumas verdades espirituais mais profundas. De fato, essa era a razão pela qual os escolhera. Ao mesmo tempo, Ele sabia que as outras pessoas não estavam completamente prontas para compreender estas verdades — ainda não.

Jesus sabia que a maior parte de Seus ouvintes não conseguiria entender a profundidade de Suas mensagens. Isso porque Ele estava iniciando aquela que seria a maior revolução religiosa — que mudaria todas as coisas!

Então, Ele usava histórias para dar aos ouvintes algo para que pudessem se firmar mais tarde. Jesus sabia que as pessoas eram boas em relembrar e recontar histórias. Mesmo que não conseguissem compreender o verdadeiro sentido espiritual naquele momento, poderiam mais tarde recontar a história e, então a verdade poderia ser completamente compreendida.

É por isso que Ele diz que, para aqueles que já possuem algo, mais ainda lhes será dado. É como se recebêssemos algumas peças de um quebra-cabeças da fé e a princípio elas parecessem não se encaixar, mas depois acabarão fazendo sentido no quadro como um todo. Em outras palavras, nenhum de nós recebe a revelação completa da imagem de Deus quando começamos a conhecê-lo. Há um processo em que vivemos uma experiência com Deus e aprendemos com ela, à medida que continuamos seguindo Sua vontade e como Ele se revela mais e mais para nós.

## ▶ MINHA ORAÇÃO

*Querido Deus,*
*Ajuda-me a compreender que não consigo captar todos os significados espirituais desde o começo. Faz-me ser paciente e persistente à medida que te conheço melhor a cada dia.*
*Amém.*

## ▶ PAVIMENTANDO O CAMINHO

Creio que Deus irá prover a verdade espiritual de que preciso para o dia de hoje.

## ▶ PALAVRA FINAL

*Jesus usava parábolas para dizer tudo isso ao povo. Ele não dizia nada a eles sem ser por meio de parábolas. Isso aconteceu para se cumprir o que o profeta tinha dito: "Usarei parábolas quando falar com esse povo e explicarei coisas desconhecidas desde a criação do mundo."*
MATEUS 13:34,35

# 6. AS SEMENTES DO INIMIGO

## ▶ APRENDENDO DE **JESUS, A ROCHA**

*O Reino do Céu é como um homem que semeou sementes boas nas suas terras. Certa noite, quando todos estavam dormindo, veio um inimigo, semeou no meio do trigo uma erva ruim, chamada joio, e depois foi embora. Quando as plantas cresceram, e se formaram as espigas, o joio apareceu. Aí os empregados do dono das terras chegaram e disseram: "Patrão, o senhor semeou sementes boas nas suas terras. De onde será que veio este joio?" "Foi algum inimigo que fez isso!", respondeu ele.* MATEUS 13:24-28

Jesus está usando outra ilustração agrícola — mais sementes e plantações, e ervas daninhas. Mas esta história tem uma reviravolta. Agora as sementes representam a vida dos cristãos — que foram cuidadosamente plantados por Jesus num campo que está preparado para o cultivo. O campo representa o mundo em que vivemos — um mundo em que qualquer coisa pode acontecer, um lugar onde o bem e o mal convivem lado a lado e algumas vezes até mesmo se chocam. O joio representa aqueles que tentam destruir a fé dos que creem. E Jesus deixa bem claro que o joio não foi plantado por Ele; foi semeado pelo inimigo.

Jesus compreende as frustrações de tentar ser um cristão forte num ambiente em que as más influências estão por todos os lados — assim como as ervas daninhas se espalham por toda parte. Ele sabe o que temos de enfrentar. Quer sejam as coisas inconvenientes que vemos ou ouvimos, ou a forma como alguém nos maltrata, Jesus compreende que não é fácil ser um cristão e que pode ser um grande desafio fazer boas escolhas. Embora possamos estar no controle de nossas ações, não podemos controlar o que os outros fazem. Não podemos impedir que as ervas daninhas (o mal) cresçam ao nosso lado.

Felizmente, Jesus tem uma estratégia para lidar com o joio que cresce ao nosso redor e tem um plano para nos resgatar. Devemos, sobretudo, aprofundar nossas raízes nele e confiar no tempo certo determinado por Ele.

## ▶ MINHA ORAÇÃO

*Querido Deus,*
*Posso ver que o mal, assim como o joio, está bem ativo no planeta Terra. Ajuda-me a aprofundar minhas raízes no Senhor, para que assim eu possa ser protegido. Amém.*

## ▶ PAVIMENTANDO O CAMINHO

Eu creio que Deus irá destruir o mal neste mundo.

## ▶ PALAVRA FINAL

*Quem semeia as sementes boas é o Filho do Homem. O terreno é o mundo. As sementes boas são as pessoas que pertencem ao Reino; e o joio, as que pertencem ao Maligno. O inimigo que semeia o joio é o próprio Diabo. A colheita é o fim dos tempos, e os que fazem a colheita são os anjos.*
MATEUS 13:37-39

# 7. NO TEMPO CERTO

## ▶ APRENDENDO DE **JESUS, A ROCHA**

> *E eles perguntaram: "O senhor quer que a gente arranque o joio?" "Não", respondeu ele, "porque, quando vocês forem tirar o joio, poderão arrancar também o trigo. Deixem o trigo e o joio crescerem juntos até o tempo da colheita. Então eu direi aos trabalhadores que vão fazer a colheita: 'Arranquem primeiro o joio e amarrem em feixes para ser queimado. Depois colham o trigo e ponham no meu depósito.'"* MATEUS 13:28-30

Os ajudantes do agricultor estão lhe perguntando se eles podem arrancar o joio. Sabendo que as ervas daninhas geralmente indicam coisas erradas, podíamos imaginar que o agricultor dissesse: "Tudo bem, arranquem logo o joio, rápido." Mas a resposta dele é um enfático *não*!

Ele explica que se o joio for arrancado, as jovens plantas de trigo poderão ser danificadas. Isso sugere que a infestação de joio é extremamente grave — que aquelas ervas daninhas estão tão fortes e de tal forma arraigadas no solo que poderiam destruir o trigo, caso fossem arrancadas.

Relembre que as sementes (neste caso, as mudas da planta) representam os cristãos e o joio representa o mal. Assim, o que Jesus está querendo dizer é que existe muitas coisas más, que é impossível arrancar todo o mal sem que se arranque também todo o restante. Em outras palavras, Ele está dizendo que precisamos enfrentar tudo isto — que o mal simplesmente faz parte do mundo em que vivemos.

Isto quer dizer que deveríamos desistir e deixar que o joio (o mal) tome conta de nossa vida? Claro que não. Jesus deseja que tenhamos raízes profundas e que possamos crescer saudáveis e plenos. Quer que fiquemos firmes até o tempo em que Ele vai finalmente arrancar o trigo (destruindo o mal de uma vez por todas), e resgatar os Seus fiéis, dando-lhes o Céu como recompensa — onde a presença do joio não mais será permitida!

## ▶ MINHA ORAÇÃO

> Querido Deus,
> Espero pelo dia em que estarei livre da influência do mal. Enquanto isso, ensina-me a ser forte e a me defender contra o mal. Amém.

## ▶ PAVIMENTANDO O CAMINHO

> Creio no plano de Deus e no tempo certo em que Ele acabará com todo o mal deste mundo.

## ▶ PALAVRA FINAL

> Assim como o joio é ajuntado e jogado no fogo, assim também será no fim dos tempos. O Filho do Homem mandará os seus anjos, e eles ajuntarão e tirarão do seu Reino todos os que fazem com que os outros pequem e também todos os que praticam o mal. MATEUS 13:40,41

# 8. OS PEQUENOS COMEÇOS

## ▶ APRENDENDO DE **JESUS, A ROCHA**

> O Reino do Céu é como uma semente de mostarda, que um homem pega e semeia na sua terra. Ela é a menor de todas as sementes; mas, quando cresce, torna-se a maior de todas as plantas. Ela até chega a ser uma árvore, de modo que os passarinhos vêm e fazem ninhos nos seus ramos.
> MATEUS 13:31,32

A maior parte das versões bíblicas apresenta, nesta parábola sobre a fé, uma ilustração que usa uma semente de mostarda. Porém, a versão *A Mensagem* (em inglês) usa a semente do pinheiro para representar a fé. Essa é uma noz pequena e deliciosa. No entanto, mesmo pequena, ela é capaz de produzir uma árvore enorme.

Se você pensar sobre isso — considerar realmente o fato de que uma insignificante semente de pinheiro contém os ingredientes "mágicos" para se transformar numa árvore muito alta — descobrirá que isso é um milagre de verdade. Essa é exatamente a forma como Jesus descreve a fé no reino de Deus. Ela começa pequena, então cresce e se torna maior do que se pode imaginar.

Pense a respeito de sua própria vida. Você se lembra quando, pela primeira vez, colocou sua confiança em Deus? Qual era o tamanho de sua fé se comparada ao tamanho do reino de Deus? Será que era parecida com a semente do pinho, em comparação a um majestoso pinheiro? Bem, pode ser que você ainda não tenha chegado a esse ponto. Quem sabe, sua fé ainda se mostre incrivelmente pequena e você quase tenha certeza de que ela nunca vá crescer e produzir alguma coisa. Mas se você tem essa pequenina porção de fé, e se planta essa fé pedindo a Jesus que venha edificar o reino dele dentro do seu coração, ela crescerá.

A maioria das pessoas vem para Deus com todo tipo de dúvidas e questionamentos, e a princípio sua fé pode parecer insignificante e fraca. Mas, com o passar do tempo, e com a ajuda de Deus, a fé cresce, e finalmente se transforma na coisa mais grandiosa do Universo — o reino de Deus.

## ▶ MINHA ORAÇÃO

*Querido Deus,*
*Ajuda-me a reconhecer o enorme potencial daquilo que plantaste em mim — a fé no Teu reino! Ajuda-me, fazendo crescer minha fé e a fortalecendo. Amém.*

## ▶ PAVIMENTANDO O CAMINHO

Minha fé no reino de Deus cresce a cada dia.

## ▶ PALAVRA FINAL

*A fé é a certeza de que vamos receber as coisas que esperamos e a prova de que existem coisas que não podemos ver.* HEBREUS 11:1

# 9. A IMPORTÂNCIA DAS PEQUENAS COISAS

## ▶ APRENDENDO DE **JESUS, A ROCHA**

> *O Reino do Céu é como o fermento que uma mulher pega e mistura em três medidas de farinha, até que ele se espalhe por toda a massa.* MATEUS 13:33

A maioria das pessoas não dá grande importância a coisas como o fermento. Ele parece representar um ingrediente pouco significativo, que é apresentado em pequenas embalagens. Mas essa substância "insignificante" tem o poder de fazer crescer e transformar a massa.

Pode parecer um pouco irônico que Jesus tenha usado elementos aparentemente tão "insignificantes" para ensinar importantes lições. No, entanto, considere a vinda de Jesus a este mundo. Foi como se Deus quisesse provar Seu ponto de vista usando aquilo que parecia pequeno e sem importância — de fato, um pequenino e indefeso bebê — para transformar em algo imenso que mudaria o mundo para sempre. No entanto, para a maioria das pessoas que viviam naquele tempo, não parecia grande coisa.

Naquele tempo, muitas religiões se baseavam em símbolos chamativos, espetaculares, exagerados, e eram cheias de truques para persuadir os fiéis a seguirem. Enormes ídolos de ouro e edifícios muito bem ornamentados eram o padrão — qualquer coisa para impressionar e chamar a atenção. Mas esses símbolos religiosos não passavam de monumentos sem qualquer significado. Jesus atraía a atenção do público com a Sua presença. Ele falava e o povo ouvia. Fazia milagres e as multidões prestavam atenção. Ele era apenas um homem, não possuía um templo ornamentado, não tinha estátuas de ouro, Suas roupas não eram chamativas, não era seguido por músicos espetaculares — Ele não era celebridade.

De fato, Ele provavelmente parecia alguém pouco importante no começo de Seu ministério. As pessoas não apenas não lhe davam muita atenção, muitas delas até o consideravam um João-ninguém. Diziam que nada de bom poderia vir da cidade onde Ele morava.

No começo do ministério, Jesus despertava tão pouco respeito quanto uma pequena semente ou um floco de fermento, mas Ele era o próprio Filho de Deus e Sua existência relativamente curta transformaria o mundo. Do mesmo modo, Ele quer impactar nossa vida. Quando Jesus começa um relacionamento conosco, as mudanças em nosso viver podem parecer insignificantes, mas à medida que o conhecemos melhor, Ele nos transforma em pessoas capazes de fazer coisas importantes.

## ▶ MINHA ORAÇÃO

*Querido Deus,*
*Ajuda-me a nutrir aquilo que parece ter menos importância em minha vida. Atos de cortesia, verdades compartilhadas silenciosamente, generosidade sem recompensas... pequenas coisas que transformam vidas.*
*Amém.*

## ▶ PAVIMENTANDO O CAMINHO

*O agir de Jesus em mim pode realizar grandes coisas.*

## ▶ PALAVRA FINAL

*Por isso ficaram desiludidos com ele. Mas Jesus disse: Um profeta é respeitado em toda parte, menos na sua terra e na sua casa. Jesus não pôde fazer muitos milagres ali porque eles não tinham fé.* MATEUS 13:57,58

\# VIDA AO MÁXIMO

# 10. UM TESOURO ESCONDIDO

## ▶ APRENDENDO DE **JESUS, A ROCHA**

> *O Reino do Céu é como um tesouro escondido num campo, que certo homem acha e esconde de novo. Fica tão feliz, que vende tudo o que tem, e depois volta, e compra o campo.*
> MATEUS 13:44

Quando ainda era criança, você alguma vez sonhou com a possibilidade de encontrar o mapa de um tesouro antigo? Ou talvez cavou um grande buraco na praia esperando que se depararia com algum baú de piratas cheio de ouro e joias? Quase todas as crianças têm fantasias com coisas desse tipo. Na verdade, milhões de adultos compram bilhetes de loteria, todos os dias, na esperança de ficar ricos.

Quando Jesus contou esta parábola, você pode imaginar como alguns dos ouvintes arregalaram os olhos quando Ele falou de um tesouro secreto escondido num campo. Talvez até tivessem imaginado se Ele sabia onde ficava tal campo. É claro que Ele não estava falando sobre um tesouro físico — algo que hoje pode estar aqui e amanhã já se foi. Jesus falava sobre si mesmo. Ele é como um tesouro — um tesouro eterno que pode fazer muito mais para transformar sua vida do que bilhões de dólares.

Jesus diz que vale a pena dedicar toda a sua atenção para conseguir este tesouro. Como uma pessoa que vende tudo o que tem para comprar o campo onde está o tesouro, você nunca se arrependerá de investir tudo de si mesmo para conhecer e seguir Jesus. As riquezas que Ele traz para sua vida (amor, perdão, esperança, paz) compensarão, e muito, qualquer sacrifício que você tiver de fazer.

Você compreende o valor do que Jesus está lhe oferecendo? Percebe que vale a pena? Quanto você tem investido para adquirir esse tesouro escondido? Quanto você deseja investir?

## ▶ MINHA ORAÇÃO

*Querido Deus,*
*Ajuda-me a entender a grandiosidade do que o Senhor tem para mim. Mostra-me como posso investir mais em mim mesmo para experimentar mais de Tua presença em minha vida. Amém.*

## ▶ PAVIMENTANDO O CAMINHO

*Quero investir todo o meu coração em conhecer melhor a Jesus.*

## ▶ PALAVRA FINAL

*Um escravo não pode servir a dois donos ao mesmo tempo, pois vai rejeitar um e preferir o outro; ou será fiel a um e desprezará o outro.* MATEUS 6:24

# 11. QUANTO CUSTA?

## ▶ APRENDENDO DE **JESUS, A ROCHA**

> O Reino do Céu é também como um comerciante que anda procurando pérolas finas. Quando encontra uma pérola que é mesmo de grande valor, ele vai, vende tudo o que tem e compra a pérola. MATEUS 13:45,46

A salvação é de graça, certo? Ou não? Sabemos que não podemos preencher um cheque e comprar nossa fé. Sabemos também que se alguém tentar nos convencer a abrir a carteira e tirar algum dinheiro para comprar o perdão de Deus isso será uma fraude. No entanto, Jesus está contando outra história a respeito do custo de algo. O que isso significa?

Nesta parábola, um homem busca pérolas valiosas. Ele encontra uma que é tão preciosa, tão valiosa, que mal pode acreditar no que está vendo. Infelizmente, o homem não tem todo o dinheiro para comprar essa pérola tão incrível. Então, ele vai, vende tudo o que tem e volta para comprar aquela pérola perfeita.

Tudo bem, sabemos que a pérola perfeita representa Jesus e o reino de Deus. Mas o fato de Jesus estar repetindo parábolas como esta (a primeira sobre o tesouro escondido no campo, e agora a da pérola de grande valor) sugere que o assunto é de extrema importância. Ele quer que compreendamos.

Jesus está nos dizendo que devemos investir todo nosso ser em nossa fé. Devemos entregar tudo. Não é permitido pechinchar. Talvez seja assim porque Ele sabe que receberemos algo por aquilo que pagamos; neste caso, gastamos tudo o que temos, para receber de volta tudo o que necessitamos. E se considerarmos o nosso "tudo" (que não é muito) comparado ao "tudo" de Deus (que está muito além do que podemos imaginar)... bem, o Senhor está apenas oferecendo o que há de melhor em nosso planeta. Então, por que não lhe entregar tudo?

## ▶ MINHA ORAÇÃO

> *Querido Deus,*
> *Ajuda-me a ter em mente que tu desejas que eu te entregue todo o meu ser para me dares Teu tudo de volta. Amém.*

## ▶ PAVIMENTANDO O CAMINHO

> Eu quero entregar tudo o que tenho para Deus e receber dele tudo o que Ele tem para mim.

## ▶ PALAVRA FINAL

> *Pois onde estiverem as suas riquezas, aí estará o coração de vocês.* MATEUS 6:21

# 12. PEIXES BONS E PEIXES RUINS

## ▶ APRENDENDO DE **JESUS, A ROCHA**

> *O Reino de Deus também é como uma rede de pesca lançada ao mar, que apanha toda espécie de peixes. Quando está cheia, é puxada até a praia. Os peixes bons são recolhidos e guardados num tonel; os que não estão bons são jogados fora. Assim será feito no desfecho da História. Os anjos virão, separarão os peixes ruins e os jogarão fora. Haverá muita reclamação e desespero, mas isso não vai fazer nenhuma diferença.* MATEUS 13:47-50 (MSG)

Muita gente não quer pensar, de verdade, sobre o fim dos tempos. O termo parece meio sinistro e sem volta. Porém, o mais interessante a respeito do fim dos tempos é o que vai acontecer na *vida de cada pessoa* — a vida de todos chegará ao fim em algum momento. É inevitável. Então, não se engane, você verá o fim dos tempos — algum dia.

Bem, talvez você pense no que tem a ver o ato de jogar fora os peixes com o fim dos tempos. De algum modo, esta história parece ter semelhança com a parábola do joio que cresce no campo de trigo. Quando tudo for colhido junto, o joio será jogado fora. Igualmente, nesta ilustração, todos os peixes (representando as pessoas) são capturados ao mesmo tempo. A rede é lançada ao mar, pegando todos os tipos de peixes — os bons, os ruins e os horríveis. Naturalmente, o pescador sempre espera que todos os peixes da rede possam ser aproveitados. Um bom pescador não gosta de jogar nada fora. Jesus também não.

De fato, Jesus oferece a todas as pessoas o mesmo convite para segui-lo. É que algumas rejeitam esse convite. Vez após vez, alguns recusam com teimosia. Embora Jesus nunca desista de tentar levar as pessoas a aceitá-lo, chegará o momento (o tempo do fim) em que a rede será lançada e virá a decisão final que vai significar exatamente isto — uma decisão final.

Naturalmente, Jesus é o único que sabe quais os "peixes" que serão aproveitados e quais serão lançados fora — e com certeza, haverá muitas surpresas no Céu porque, conhecendo Jesus, Ele provavelmente dará a alguns daqueles peixes teimosos uma última chance de mudar sua decisão. Mesmo assim, por que você vai querer esperar até aquele último minuto, quando pode desfrutar, desde já, do relacionamento com Jesus por toda a sua vida?

## ▶ MINHA ORAÇÃO

*Querido Deus,*
*Reafirmo minha fé em ti. Não quero ser como o peixe que será jogado fora. Guarda-me seguro na Tua rede. Amém.*

## ▶ PAVIMENTANDO O CAMINHO

Eu servirei a Jesus até o fim dos tempos.

## ▶ PALAVRA FINAL

*Mas quem ama a Deus é conhecido por ele.* 1 CORÍNTIOS 8:3

# 13. BEM EQUIPADO E PRONTO

## ▶ APRENDENDO DE **JESUS, A ROCHA**

> *Pois isso quer dizer que todo mestre da Lei que se torna discípulo no Reino do Céu é como um pai de família que tira do seu depósito coisas novas e coisas velhas.* MATEUS 13:52

Jesus acabava de concluir um momento de checagem com os Seus discípulos, perguntando-lhes se estavam realmente compreendendo o que Ele estava dizendo principalmente por meio das parábolas. Eles garantiram que estavam conseguindo lidar bem com essa forma de ilustrações, o que foi um alívio para Ele, porque tinha muito mais para lhes ensinar e o tempo era relativamente curto para isso.

Assim, Ele tomou um momento para encorajá-los. Lembrou-os do fato de que eles haviam sido bem treinados no judaísmo. Estes homens cresceram frequentando a sinagoga, tinham estudado as leis judaicas e aprendido a respeito dos profetas. Isso era um bom fundamento para aprender os novos ensinamentos que Jesus estava lhes ensinando. Seus estudos anteriores eram importantes porque pouco tempo depois, estes mesmos homens estariam ensinando outros e edificando a primeira igreja cristã.

Jesus lhes diz que esse tipo de preparo — combinar os ensinos antigos com os novos — é como estar na posição de um comerciante que tem muitas variedades de produtos à sua disposição. Tanto se tiver uma antiguidade valiosa que pode negociar, quanto algo moderno e útil, esta pessoa estará bem equipada e pronta para realizar qualquer tipo de negócio.

Jesus deseja que tenhamos isso também. Ele quer que entendamos Suas palavras e Seus ensinamentos para apreciarmos o modo como eles podem mudar nossa vida a fim de que estejamos prontos e bem equipados para enfrentar qualquer coisa que possa surgir em nosso caminho.

### ▶ MINHA ORAÇÃO

*Querido Deus,*
*Ajuda-me a ter o compromisso de usar mais tempo para ler Tua Palavra, aprendendo mais sobre ti, e tornando os Teus ensinos algo essencial para minha vida. Amém.*

### ▶ PAVIMENTANDO O CAMINHO

Tomarei tempo para conhecer melhor a Deus.

### ▶ PALAVRA FINAL

*Se obedecem a Deus e o adoram, então têm paz e prosperidade até o fim da vida.* JÓ 36:11

# 14. REFEIÇÃO MILAGROSA

## ▶ APRENDENDO DE **JESUS, A ROCHA**

*De tardinha, os discípulos chegaram perto de Jesus e disseram: — Já é tarde, e este lugar é deserto. Mande essa gente embora, a fim de que vão aos povoados e comprem alguma coisa para comer.*
*Mas Jesus respondeu: — Eles não precisam ir embora. Deem vocês mesmos comida a eles.*
*Eles disseram: — Só temos aqui cinco pães e dois peixes.*
*— Pois tragam para mim! — disse Jesus.*
*Então mandou o povo sentar-se na grama. Depois pegou os cinco pães e os dois peixes, olhou para o céu e deu graças a Deus. Partiu os pães, entregou-os aos discípulos, e estes distribuíram ao povo. Os que comeram foram mais ou menos cinco mil homens, sem contar as mulheres e as crianças.* MATEUS 14:16-19,21

Jesus acabara de ouvir a terrível notícia de que Seu primo, João Batista, tinha sido brutalmente assassinado. Precisando de algum tempo para descansar, Jesus tomou um barco e foi em direção a um local deserto. Mas o que acabou acontecendo foi que milhares de admiradores o seguiram para aquele lugar distante. Em vez de ficar algum tempo sozinho, Jesus acabou usando o dia todo ajudando e curando aquelas pessoas. De repente, alguém começou a ficar com fome, mas por ser aquele um local sem recursos, não havia como conseguir comida. Não havia lanchonetes, lojas de conveniência, nem feiras livres. Nada.

Assim, o que Jesus sugeriu quando Seus discípulos pediram que despedisse a multidão para que pudessem encontrar comida? O Mestre afirmou que isso não era necessário e lhes diz para alimentar aquelas pessoas. Dá para imaginar a expressão de surpresa no rosto deles? Como é que poderiam alimentar milhares de pessoas quando tinham apenas cinco pequenos pães e dois peixes? Mal daria para matar a fome de apenas umas poucas pessoas. O que Jesus esperava que eles fizessem?

Jesus gostaria que eles tivessem fé. Na verdade, uma das razões por que Ele fazia milagres era para lhes aumentar a fé. Então, tomou aquela pequena porção de comida que eles tinham, ergueu-a em direção ao céu e pediu que Deus a abençoasse. A seguir, ordenou a Seus discípulos que distribuíssem a comida àquela enorme multidão. Imagine quão espantados eles devem ter ficado quando não apenas alimentaram a todas aquelas pessoas, mas depois que todos estavam completamente satisfeitos, ainda recolheram 12 grandes cestos com as sobras!

Como você reage quando Jesus lhe pede alguma coisa que parece impossível? Talvez Ele apenas queira que você seja gentil com alguém de quem você não gosta e Ele lhe dá o poder para conseguir agir assim. Ou talvez seja algo maior, como pedir que Deus lhe envie o dinheiro para pagar a mensalidade da escola — e confiar que Ele vai fazê-lo. O mais importante é que Ele deseja que você tenha em mente que Ele é o Único que pode realmente fazer milagres. Você precisa apenas confiar nele e obedecer.

### ▶ MINHA ORAÇÃO

*Querido Deus,*
*Obrigado por me lembrares de que tu podes fazer milagres em minha vida. Ajuda-me a aumentar minha fé, obedecendo Tua vontade.*

### ▶ PAVIMENTANDO O CAMINHO

Deus pode fazer um milagre em minha vida hoje.

### ▶ PALAVRA FINAL

*Ó SENHOR, aqueles que te conhecem confiam em ti, pois não abandonas os que procuram a tua ajuda.* SALMO 9:10

# 15. FÉ SEM MEDO

## ▶ APRENDENDO DE **JESUS, A ROCHA**

*Nesse instante Jesus disse: — Coragem! Sou eu! Não tenham medo!* MATEUS 14:27

Os discípulos estavam aterrorizados quando Jesus lhes disse isso. Ironicamente, tudo aconteceu pouco depois do milagre em que Ele havia alimentado milhares de pessoas. Jesus mandou que Seus discípulos entrassem no barco bem na hora em que uma enorme tempestade começava a desabar. Se você já esteve alguma vez num pequeno barco durante uma tempestade, pode entender por que eles ficaram tão apavorados — o vento criava enormes ondas que passavam por cima do barco em que estavam e isso não era nada bom. Talvez os discípulos se perguntassem por que Jesus havia ordenado que partissem mesmo com aquele mau tempo. Será que não se preocupava com eles?

Então, de repente, eles fixaram os olhos em alguém que vinha em sua direção — andando sobre as águas! A princípio, pensaram que era um fantasma, e entraram em pânico total. Talvez tenham pensado que o próprio espírito da morte vinha diretamente ao seu encontro. Foi quando o homem que andava sobre as águas os chamou e disse que não precisavam ficar com medo. Era Jesus! E Pedro grita para Ele: "Se é o senhor mesmo, mande que eu vá andando em cima da água até onde o senhor está" (v.28). Jesus diz a Pedro que poderia ir e ele também começa a caminhar sobre as águas. Mas acaba tirando seus olhos de Jesus e começa a prestar atenção no vento e nas ondas. Assim, começou a afundar e grita para Jesus, pedindo socorro. Jesus toma sua mão e o levanta, dizendo que Pedro não tem muita fé.

Mas Pedro teve fé suficiente para sair do barco e andar sobre as águas. Ele tinha realmente confiado em Jesus naquele momento. Porém, quando tirou os olhos de Cristo e viu toda a situação ao seu redor (o vento, as ondas, e o fato de *estar andando sobre as águas*), ele ficou apavorado.

Isto pode acontecer com você também. Talvez você esteja enfrentando uma situação difícil, mas acredita que Deus o está ajudando e tudo vai ficar bem. Então, de repente, tira os olhos de Deus e se concentra naquilo que está acontecendo ao seu redor. Sua fé desaparece e você começa a afundar. Deus deseja que você tenha fé sem medo — o tipo de fé que mantém os olhos fixos nele, certo de que Ele pode estar ao seu lado em qualquer situação.

## ▶ MINHA ORAÇÃO

*Querido Deus,*
*Ajuda-me a ser fiel em manter meus olhos fixos em ti e na Tua obra em minha vida. Lembra-me de que, ao sentir que estou afundando, ainda assim posso clamar por Teu auxílio e tu me responderás. Amém.*

## ▶ PAVIMENTANDO O CAMINHO

Vou manter meus olhos fixos em Deus e crer que Ele me ajudará em qualquer situação.

## ▶ PALAVRA FINAL

*Eu amo aquele que me ama; e quem me procura acha.*
PROVÉRBIOS 8:17

# 16. FÉ FALSIFICADA

▶ APRENDENDO DE **JESUS, A ROCHA**

> *E por que é que vocês desobedecem ao mandamento de Deus e seguem os seus próprios ensinamentos? Pois Deus disse: "Respeite o seu pai e a sua mãe!" E disse também: "Que seja morto aquele que amaldiçoar o seu pai ou a sua mãe!" Mas vocês ensinam que, se alguém tem alguma coisa que poderia usar para ajudar os seus pais, em sinal de respeito, mas diz: "Eu dediquei isto a Deus", então não precisa ajudar os seus pais. Assim vocês desprezam a mensagem de Deus para seguir os seus próprios ensinamentos.* MATEUS 15:3-6

Jesus acabara de ser desafiado por alguns líderes religiosos que tinham o único objetivo de desacreditá-lo, acusando-o de ignorar suas leis e tradições. Eles o culpavam de não seguir uma tradição cerimonial ridícula e entediante de lavar as mãos antes das refeições. Mas Jesus lhes devolveu uma outra pergunta. Seu propósito era demonstrar sua hipocrisia e egoísmo porque sabia que eles manipulavam as leis religiosas em seu próprio benefício. Ele sabia muito bem que estes supostos guias religiosos haviam se tornado ricos à custa do próprio povo a quem eles deveriam estar servindo.

Para reafirmar Seus argumentos, Jesus citou um trecho de Isaías, um dos profetas de Israel: "Este povo com a sua boca diz que me respeita, mas na verdade o seu coração está longe de mim. A adoração deste povo é inútil, pois eles ensinam leis humanas como se fossem meus mandamentos" (vv.8,9).

Parece que nada deixava Jesus mais aborrecido do que a hipocrisia religiosa. Na verdade, as únicas vezes que Jesus demonstrou grande irritação foi quando teve de lidar com a falsa religiosidade. Quem poderia acusá-lo? O que poderia ser pior do que alguém fingir ser piedoso somente para tirar vantagem dos outros? É como uma pessoa achar que pode usar Deus em seu próprio benefício. E não importa se é um evangelista da TV tentando extorquir dinheiro de um telespectador pobre e cheio de culpa, ou uma adolescente fingindo ser cristã fiel só para chamar a atenção de um rapaz cristão que é gente fina. Tudo cheira mal.

Jesus quer que você evite ser uma farsa, mantendo sua fé autêntica e honesta — vinda diretamente do coração. Sério mesmo, por que você se contentaria com menos do que isso?

### ▶ MINHA ORAÇÃO

> *Querido Deus,*
> *Ajuda-me a manter minha fé real, mesmo que isso signifique admitir meus erros para os outros. Ensina-me a guardar meu coração contra a hipocrisia. Amém.*

### ▶ PAVIMENTANDO O CAMINHO

> Quero manter a verdadeira fé.

### ▶ PALAVRA FINAL

> *Dá-me entendimento para que eu possa guardar a tua lei e cumpri-la de todo o coração.* SALMO 119:34

# 17. O PESO DAS PALAVRAS

## ▶ APRENDENDO DE JESUS, A ROCHA

> Escutem e entendam! Não é o que entra pela boca que faz com que alguém fique impuro. Pelo contrário, o que sai da boca é que pode tornar a pessoa impura. MATEUS 15:10,11

Aqui Jesus faz uma afirmação muito forte. Aparentemente, Ele se dirigia aos líderes que tinham uma obsessão pela tradição cerimonial de lavar as mãos antes das refeições, mas as palavras de Jesus têm um significado muito mais profundo. Você se lembra que esses líderes religiosos hipócritas haviam criticado Jesus e Seus discípulos, dizendo que estavam contaminados e sujos porque tinham comido sua refeição com mãos "impuras"? Jesus lhes disse que se houvessem comido alimentos "impuros", eles não teriam causado tanto mal a si mesmos — não tanto quanto seriam afetados se falassem palavras impuras.

E não era isso o que os fariseus estavam fazendo? Estes sujeitos falsos agiam como se fossem as melhores e mais puras pessoas de todo mundo. Mas isto era somente aparência. Por baixo de suas vestes extravagantes e de suas "boas" maneiras, e sob seu disfarce de piedade, havia muito egoísmo e hipocrisia. Enquanto fingiam servir a Deus, eram cúmplices com a destruição do próprio Filho de Deus e Salvador do mundo. Isto se tornava claro pelas palavras que saíam de sua boca.

Era nesse ponto que Jesus queria chegar. Não é o que *entra* pela boca que contamina; é o que *sai* dela. Nossas palavras refletem o que está dentro de nós. Mesmo quando tentamos adoçá-las para esconder algo ruim, nossos verdadeiros sentimentos podem revelar tudo isso num simples estalar da língua. É melhor limpar o que está dentro de nós do que agir exteriormente como se tudo estivesse maravilhoso. Para fazer isso, precisamos da ajuda de Deus.

## ▶ MINHA ORAÇÃO

*Querido Deus,*
*Compreendo que necessito de Tua ajuda para limpar meu coração. Por favor, trabalha em mim para que minhas palavras demonstrem que realmente pertenço a ti. Amém.*

## ▶ PAVIMENTANDO O CAMINHO

Minhas palavras representam o que Deus está fazendo em meu interior.

## ▶ PALAVRA FINAL

*Que o amor de vocês não seja fingido. Odeiem o mal e sigam o que é bom.* ROMANOS 12:9

# 18. ARMADILHAS DA RELIGIÃO

## ▶ APRENDENDO DE **JESUS, A ROCHA**

> *Toda planta que o meu Pai, que está no céu, não plantou será arrancada. Não se preocupem com os fariseus. São guias cegos. E, quando um cego guia outro, os dois acabam caindo num buraco.* MATEUS 15:13,14

Jesus novamente descreve os hipócritas religiosos, dizendo claramente que, apesar da aparência piedosa dos fariseus, eles de forma alguma representavam a Deus. Jesus sabia que Deus, eventualmente, tiraria deles sua pretensa autoridade, acabando com eles. O Mestre compreendia que sua forma de religião legalista servia para aprisionar as pessoas com ridículas restrições legalistas, a ponto de se tornarem tão distraídos que não podiam realmente ver Deus nem reconhecer Seu Filho.

É como se esses líderes tivessem se tornado armadilhas religiosas. Eles estavam prontos para enganar as pessoas, impedindo-as de ouvir e compreender a verdade — Jesus. Felizmente, Jesus era capaz de revelar seus caminhos enganosos vez após vez. Ele o fez publicamente para que Seus seguidores se lembrassem destes incidentes quando Jesus não mais estivesse fisicamente entre eles.

Você sabia que ainda há armadilhas religiosas atualmente? Elas são apresentadas com muitos disfarces, mas a maioria delas tem seu alicerce no legalismo, não em Deus. O legalismo aparece quando criamos ou seguimos regras humanas procurando nos tornar "aceitáveis" para Deus. Quando acreditamos que nossas ações servem para nos ajudar a encontrar o caminho para Deus, então caímos na armadilha da religião. Vez após vez, Jesus diz que podemos ir a Deus somente através dele

— por meio de Sua graça, Seu perdão, Seu amor. Graças a Deus, isso não é algo que podemos fazer por nossa própria conta.

## ▶ MINHA ORAÇÃO

*Querido Deus,*
*Ajuda-me a lembrar que o único caminho para chegar ao Senhor é através de Teu Filho. Não me deixes cair em nenhuma armadilha da religião — criada por mim mesmo ou por outros.*

## ▶ PAVIMENTANDO O CAMINHO

Não vou permitir que o legalismo me desvie do Senhor.

## ▶ PALAVRA FINAL

*Portanto, sejamos corajosos e afirmemos: "O Senhor é quem me ajuda, e eu não tenho medo. Que mal pode alguém me fazer?"* HEBREUS 13:6

# 19. UM SINAL VERDADEIRO

## ▶ APRENDENDO DE **JESUS, A ROCHA**

> *De tardinha, vocês dizem: "Vamos ter bom tempo porque o céu está vermelho." E, de manhã, cedo, dizem: "Vai chover porque o céu está vermelho-escuro." Olhando o céu, vocês sabem como vai ser o tempo. E como é que não sabem explicar o que querem dizer os sinais desta época? Como o povo de hoje é mau e sem fé! Vocês estão me pedindo um milagre, mas o milagre de Jonas é o único sinal que lhes será dado.* MATEUS 16:2-4

Aqueles líderes religiosos estavam tentando mais uma vez derrubar Jesus. Será que não tinham nada mais para fazer, ou simplesmente era porque temiam que Ele acabasse arruinando a influência deles sobre o povo? Qualquer que fosse o caso, eles pediam que Jesus lhes mostrasse um "sinal vindo do céu" para provar que Ele tinha sido realmente enviado por Deus. Naturalmente, Jesus não aceitou esse desafio, deixando claro que Deus é quem dá as cartas, não eles. Então lhes disse que eles sabiam prever melhor o tempo, do que compreender as coisas de Deus.

A arrogância destes supostos líderes era incrível. Será que, honestamente, pensavam que poderiam forçar Jesus a lhes mostrar um sinal do Céu, enquanto claramente se recusavam a aceitar quem Ele dizia ser? Não seria algo parecido como desafiar Michael Jordan a provar que ele era mesmo o Michael Jordan, pedindo que participasse de um jogo um a um com você?

Jesus não apenas negou o pedido daqueles espertalhões, mas disse que o único sinal que eles teriam era o "que havia acontecido com Jonas".

E Jonas havia sido engolido por uma baleia depois de se recusar aceitar a ordem de Deus. Era apenas uma dica.

Então, como isso se aplica a você e em sua vida hoje? Será possível que Jesus não deseje que a sua fé se torne o resultado de um sinal sobrenatural enviado do Céu? Jesus quer que você creia nele por meio de uma experiência pessoal com Seu amor e Seu perdão. Ele deseja que você esteja bem firmado nele, sendo Ele uma parte importante de sua vida, e que a sua fé seja como algo orgânico — que simplesmente brote de seu relacionamento com o Senhor, quase como se não pudesse resisti-lo. Você está começando a se parecer e agir como Jesus — e isso é um verdadeiro sinal do Céu!

### ▶ MINHA ORAÇÃO

*Querido Deus,*
*Não preciso que envies um sinal espetacular do Céu para mim a fim de provar Tua existência. Ajuda-me a lembrar de que o melhor sinal que podes me dar é o trabalho silencioso que fazes dentro do meu coração. Amém!*

### ▶ PAVIMENTANDO O CAMINHO

Jesus é a melhor prova da existência de Deus.

### ▶ PALAVRA FINAL

*O fim de uma coisa vale mais do que o seu começo. A pessoa paciente é melhor do que a orgulhosa.* ECLESIASTES 7:8

# 20. QUEM É ELE?

## ▶ APRENDENDO DE **JESUS, A ROCHA**

> *Simão, filho de João, você é feliz porque esta verdade não foi revelada a você por nenhum ser humano, mas veio diretamente do meu Pai, que está no céu. Portanto, eu lhe digo: você é Pedro, e sobre esta pedra construirei a minha Igreja, e nem a morte poderá vencê-la. Eu lhe darei as chaves do Reino do Céu; o que você proibir na terra será proibido no céu, e o que permitir na terra será permitido no céu.* MATEUS 16:17-19

Esta é uma promessa que Jesus tinha acabado de fazer a Simão Pedro. Foi o resultado de uma conversa que Jesus teve com Seus discípulos. Ele tinha lhes perguntado o que povo dizia a Seu respeito, e os discípulos responderam que alguns pensavam que Ele era João Batista, outros, que era um dos antigos profetas, como Elias ou Jeremias. Em seguida, Jesus perguntou o que eles pensavam: "E vocês? Quem vocês dizem que eu sou?" (Mateus 16:15).

A resposta de Pedro surpreendeu Jesus: "O senhor é o Messias, o Filho do Deus vivo" (v.16). Foi então que Jesus deu a Pedro uma bênção muito especial. Ele também disse que a resposta de Pedro estava perfeitamente certa somente porque Deus lhe havia revelado. Jesus sabia por que Deus tinha revelado estas coisas, Pedro era uma boa escolha para liderar aquela que seria a primeira igreja cristã.

Aquele deve ter sido um dia muito feliz para aquele discípulo. Sua fé parecia ser uma sólida rocha. Para Jesus elogiá-lo assim... bem, Pedro deve ter ficado quase explodindo de orgulho. Mas chegaria o dia em que Pedro haveria de negar Jesus — não somente uma, mas três vezes.

E mesmo assim Jesus construiria Sua Igreja sobre aquela afirmação de Pedro.

Jesus deseja que todos os Seus seguidores saibam quem Ele é. Se Ele viesse hoje até você e lhe perguntasse "Quem sou eu?", o que você responderia? Você percebe como a sua resposta tem importância? Você o chamaria de seu amigo ou apenas um conhecido casual? Diria que Ele é uma pessoa legal ou o Filho de Deus? Você o descreveria como seu Senhor e Salvador ou apenas como um bom homem que uma vez andou pela Terra? Quem é Ele para você?

## ▶ MINHA ORAÇÃO

*Querido Deus,*
*Por favor, mostra-me quem o Senhor é na minha vida.*
*Filho de Deus, Senhor, Salvador, revela para mim quem é o Senhor, e ajuda-me a proclamar essa verdade.*

## ▶ PAVIMENTANDO O CAMINHO

Quando sei quem é Jesus, também sei quem eu sou.

## ▶ PALAVRA FINAL

*Sabemos também que o Filho de Deus já veio e nos deu entendimento para conhecermos o Deus verdadeiro. A nossa vida está unida com o Deus verdadeiro, unida com o seu Filho, Jesus Cristo. Este é o Deus verdadeiro, e esta é a vida eterna.* 1 JOÃO 5:20

# 21. CHAVES DO REINO

## ▶ APRENDENDO DE **JESUS, A ROCHA**

> *E isso não é tudo. Vocês terão acesso livre e total ao Reino de Deus e chaves para abrir qualquer porta, sem mais barreiras entre o céu e a terra, a terra e o céu. Um "sim" na terra é um "sim" no céu. Um "não" na terra é um "não no "céu".* MATEUS 16:10 (MSG)

É uma sensação incrível quando seus pais colocam as chaves do carro em suas mãos, pela primeira vez. Mas o que Jesus deu a Pedro (depois de ouvir a resposta correta desse discípulo) foi ainda muito melhor. Jesus entregou-lhe as chaves do reino de Deus, prometendo a Pedro que ele poderia abrir todas as portas e não haveria nada que pudesse separá-lo do Céu. Suas palavras na Terra deveriam ter o mesmo peso no Céu. Que coisa fantástica! E tudo porque Pedro sabia quem é Jesus — porque entendeu que Jesus é o Filho de Deus, Aquele que veio para salvar o mundo. A recompensa de Pedro foram as chaves do reino.

Adivinha? A mesma recompensa é oferecida a todos os que conhecem Jesus da mesma maneira que Pedro. Todos temos igual acesso às chaves do reino, só que algumas pessoas ficam um tanto confusas com isso. Elas acham que se tiverem nas mãos as chaves do reino, possuirão um tipo de varinha mágica que lhes concederá tudo o que desejarem. Isso é um erro.

A verdadeira chave é *conhecer* Jesus pessoalmente — e quando nós o conhecemos realmente, tudo o que queremos fazer é exatamente o que Ele quer que façamos. Como resultado, nosso "sim" na Terra realmente se torna um "sim" no Céu. Quando pedimos alguma coisa, nós a recebemos — porque nosso objetivo é fazer as coisas de acordo com a perfeita vontade de Deus, não a nossa.

Naturalmente, isso não acontece do dia para a noite. Ocorre no dia a dia, ao andarmos pela fé, que acontece passo a passo ao longo do tempo.

### ▶ MINHA ORAÇÃO

*Querido Deus,*
*Ajuda-me a realmente conhecer-te para que eu possa ter acesso às chaves do Teu reino e viver de acordo com a Tua perfeita vontade.*

### ▶ PAVIMENTANDO O CAMINHO

Quanto mais conheço a Deus, mais conheço a Sua vontade.

### ▶ PALAVRA FINAL

*Mas, se alguém tem falta de sabedoria, peça a Deus, e ele a dará porque é generoso e dá com bondade a todos.* TIAGO 1:5

# 22. SEGUIDORES

## ▶ APRENDENDO DE **JESUS, A ROCHA**

*Se alguém quiser acompanhar-me, negue-se a si mesmo, tome a sua cruz e siga-me.* MATEUS 16:24 (NVI)

Jesus tinha falado aos Seus discípulos sobre Sua iminente morte, mas eles pareciam ter ficado em estado de choque e não acreditado nisso. Mesmo Pedro (lembra, a rocha fiel?) duvidou que Jesus tivesse consciência do que dizia nesse momento e, na verdade, até quis repreender o Mestre por isso.

Claramente, o contexto das Escrituras aqui é a morte. Jesus estava falando literalmente sobre morrer. Suas palavras sobre tomar sua cruz estavam diretamente relacionadas com a cruz em que Ele seria pregado, a cruz em que morreria. Seus discípulos pareciam atordoados. Além disso, ficaram imaginando se Jesus estaria pedindo que morressem com Ele. Talvez sim. O tempo iria confirmar.

Esta não é uma mensagem fácil de ser ouvida, pois não é algo que possa ser considerado levianamente. Mas o que isso significa para você? O que Jesus quer dizer neste versículo quando indica que se você quiser segui-lo de verdade e, honestamente, desejar ser Seu discípulo, precisa abandonar seus próprios planos. Para ser completamente fiel a Jesus, você precisa crucificar suas próprias expectativas e desejos na cruz. Você faz isto em troca da orientação e direção que Ele lhe dará, e então estará pronto para ser conduzido.

É como entregar o banco do motorista para Jesus e deixar que Ele dirija. Mesmo parecendo estar prestes a sofrer um desastre, você se senta no banco do carona e confia na habilidade de Jesus para dirigir. Ainda que fique ansioso, você não vai tentar tomar o volante das mãos dele. Embora Ele possa seguir um caminho diferente daquele que você escolheria, ou dirigir um pouco mais rápido, ou até mesmo mais devagar, você terá certeza de que Ele vai levá-lo para onde você precisa ir. Uma vez que realmente confiar nele, vai desfrutar a viagem, e será extremamente agradecido quando chegar a um lugar muito melhor do que você teria imaginado em seus sonhos e expectativas!

## ▶ MINHA ORAÇÃO

> *Querido Deus,*
> *Ajuda-me a confiar tão intensamente no Senhor que eu te permita conduzir cada aspecto de minha vida. Ensina-me a seguir-te aonde quer que me direcionares. Amém.*

## ▶ PAVIMENTANDO O CAMINHO

> Somente quando coloco de lado minha vontade é que posso encontrar a vontade de Deus.

## ▶ PALAVRA FINAL

> *A pessoa que aceita e obedece aos meus mandamentos prova que me ama. E a pessoa que me ama será amada pelo meu Pai, e eu também a amarei e lhe mostrarei quem sou.* JOÃO 14:21

# 23. PERDENDO E ENCONTRANDO

## ▶ APRENDENDO DE **JESUS, A ROCHA**

*Pois quem quiser salvar a sua vida, a perderá, mas quem perder a vida por minha causa, a encontrará.* MATEUS 16:25 (NVI)

Vida, morte, comprometimento — são todos temas muito pesados. E Jesus não adoça nem um pouquinho Sua mensagem. Ele está dizendo aos Seus discípulos que eles estão entrando num acordo de "tudo ou nada". Está fazendo uma predição muito sombria — de que perderiam a vida por causa dele algum dia. De fato, após a morte e ressurreição de Jesus, dez dos Seus discípulos (e muitos outros seguidores) realmente morreriam por seguir ao Senhor. No entanto, a fé que tinham não vacilaria. Nenhum deles se arrependeria por ter se comprometido com Ele, independentemente da dor ou do sofrimento que resultasse disso.

Mas o que estas palavras significam para você, pessoalmente? Jesus estaria literalmente pedindo que você morresse por acreditar nele? Talvez não, uma vez que isso não acontece com frequência nos países ocidentais nos dias de hoje (embora cristãos sejam mortos por causa de sua fé em outros países). Mesmo assim, essas palavras chocam.

Jesus diz que se você ama sua vida mais do que ama a Ele — se você se apega a seus próprios sonhos mais do que a Ele — sua vida e seus sonhos vão escorrer entre seus dedos, e você acabará perdendo completamente tudo.

Por outro lado, se você deixar sua vida aos cuidados de Jesus (lembra do exemplo da direção do carro?), e entregar todo o controle ao Senhor, Ele irá lhe devolver uma vida muito melhor do que você poderia esperar. Mas você tem que ir primeiro. Precisa confiar tudo a Ele. Você deve crer que somente Deus sabe verdadeiramente de tudo o que precisa — somente Jesus, sentado ao volante, vai conduzi-lo para onde realmente você precisa ir.

## ▶ MINHA ORAÇÃO

> *Querido Deus,*
> *Realmente não quero perder a minha vida. Mostra-me como seguir em frente e ajuda-me a confiar completamente no Senhor. Obrigado por me conduzires para onde preciso ir. Amém.*

## ▶ PAVIMENTANDO O CAMINHO

> Quando entrego minha vida para Deus eu a recebo de volta.

## ▶ PALAVRA FINAL

> *Porque ele me ama, eu o resgatarei; eu o protegerei, pois conhece o meu nome.* SALMO 91:14 (NVI)

# 24. QUANTO CUSTA?

## ▶ APRENDENDO DE **JESUS, A ROCHA**

> *O que adianta alguém ganhar o mundo inteiro, mas perder a vida verdadeira?* MATEUS 16:26

Algumas pessoas farão qualquer coisa para se tornar ricas. Muitas até mesmo vão mentir, enganar e roubar para conseguir o que desejam. Outras simplesmente trabalharão de forma muito dura e intensa — mostrando para quem estiver por perto que ter "sucesso" é seu objetivo número um. Bem, não há nada de errado em trabalhar muito ou honestamente desfrutar uma boa vida, porém, isso não é o que Jesus quer dizer neste versículo em particular.

Ele está fazendo uma advertência. Cristo sabe muito bem como pensamos e o que nos motiva. Ele tem conhecimento das falhas comuns do caráter humano, tais como a ganância, o orgulho e o egoísmo. Também sabe que todos nós estamos sujeitos a essas fraquezas. E ainda sabe que o *amor* ao dinheiro e às coisas materiais poderão acabar finalmente nos levando à destruição. Ele compreende a maneira como nosso coração funciona e sabe que se valorizamos alguma coisa acima de Deus, isso será a nossa ruína.

Não é fácil viver num mundo materialista, onde os produtos e os modismos são expostos diante de nós, onde os cartões de crédito são entregues nas mãos dos adolescentes, e onde milhões de dólares são gastos em itens de consumo que prometem felicidade. Mas Jesus está alertando para não cair nessas mentiras. Não seja pego na armadilha de "ter tudo". Não caia na armadilha de pensar que ter mais é melhor porque, no fim, tudo sempre chega no mesmo lugar — você vai perder. As pessoas gastam tempo e energia acumulando riquezas deste mundo que, no final, acabarão resultando em falência espiritual. E quando se derem conta disso, será muito tarde. Jesus não quer que você seja uma dessas pessoas.

## ▶ MINHA ORAÇÃO

> Querido Deus,
> Ajuda-me, por favor, a me lembrar de que as coisas materiais não podem me trazer a verdadeira felicidade. Ajuda-me a valorizar o Senhor acima de tudo e a colocar-te em primeiro lugar em minha vida. Amém.

## ▶ PAVIMENTANDO O CAMINHO

> Não vou negociar minha alma em troca de riquezas terrenas.

## ▶ PALAVRA FINAL

> Pois o amor ao dinheiro é uma fonte de todos os tipos de males. E algumas pessoas, por quererem tanto ter dinheiro, se desviaram da fé e encheram a sua vida de sofrimentos.
> 1 TIMÓTEO 6:10

# 25. FOME VERDADEIRA

## ▶ APRENDENDO DE **JESUS, A ROCHA**

> *Eu afirmo a vocês que isto é verdade: vocês estão me procurando porque comeram os pães e ficaram satisfeitos e não porque entenderam os meus milagres. Não trabalhem a fim de conseguir a comida que se estraga, mas a fim de conseguir a comida que dura para a vida eterna. O Filho do Homem dará essa comida a vocês porque Deus, o Pai, deu provas de que ele tem autoridade.* JOÃO 6:26,27

Jesus sabia que Seu tempo na Terra era limitado, no entanto, Ele tinha essa importantíssima mensagem para transmitir. Infelizmente, a mente humana tem dificuldades para compreender os significados espirituais. E sem falar que ela é facilmente distraída por coisas tão comuns como a fome ou o tédio. A popularidade de Jesus estava em crescimento, porém estava mais relacionada com pessoas buscando por comida e entretenimento do que pela compreensão de que estavam famintas espiritualmente.

Mesmo assim, Jesus entendia as pessoas. Além disso, Ele sabia que os tempos eram difíceis e sabia como Seus seguidores respondiam às suas necessidades básicas como alimentação e bebida. Então, Cristo usou essas imagens comuns para se conectar com elas. Primeiro, Ele lhes disse francamente que estavam mesmo em busca de comida. Ele deu nome aos bois. Então lhes disse também que não era a comida espiritual que estavam procurando. Simplesmente buscavam algo para encher a barriga — talvez alguma coisa mais do que aqueles deliciosos pães e peixes com os quais Ele havia alimentado milhares de pessoas.

Jesus disse ao povo que Ele tinha outro tipo de alimento para lhes oferecer — um tipo de comida que poderia alimentar a alma e mudar a vida deles, um tipo de comida que tinha sido enviada por Seu Pai. É a mesma comida que Jesus está oferecendo para você — uma parte dele mesmo. Ele quer que você sinta fome por Ele do mesmo modo como você deseja sua comida preferida. De fato, Cristo quer que você esteja faminto por Ele. Você se alimenta agora e logo ficará com fome novamente. No entanto, o que Jesus oferece poderá satisfazer seu interior muito mais profundamente do que jamais uma simples pizza poderia fazer.

## ▶ MINHA ORAÇÃO

*Querido Deus,*
*Eu quero ter fome do Senhor. Ajuda-me a ver que minha alma precisa de nutrição muito mais do que meu estômago necessita de comida. Amém.*

## ▶ PAVIMENTANDO O CAMINHO

Minha fome espiritual pode ser satisfeita somente por Deus.

## ▶ PALAVRA FINAL

*Porque, quanto ao S*ENHOR*, seus olhos passam por toda a terra, para mostrar-se forte para com aqueles cujo coração é totalmente dele...* 2 CRÔNICAS 16:9 ARA

# 26. DESCRIÇÃO DO TRABALHO

## ▶ APRENDENDO DE **JESUS, A ROCHA**

> *A obra de Deus é esta: crer naquele que ele enviou.*
> JOÃO 6:29 (NVI)

Vivemos numa cultura em que profissões e trabalhos são levados a sério. Muitas escolas de Ensino Médio colocam grande ênfase no planejamento para a faculdade, centrando-se nas opções de carreira, oferecendo programas para treinamento de trabalho e estágios. Geralmente proporcionam preparo para a vida adulta, em que uma pessoa responsável possa prover seu próprio sustento. Isso é muito bom, e seus pais provavelmente o encorajam para atingir estes ideais — uma vez que eles não querem que você dependa deles por toda a vida. Mas Jesus diz claramente que a única tarefa que Deus lhe oferece é crer nele.

Então isso quer dizer que você não precisa conseguir um trabalho? Claro que não. Significa que não há nada mais importante do que você investir tempo e energia em preservar sua fé. Seu trabalho mais importante é crer naquele que Deus enviou.

Em outras palavras, Deus quer que você leve sua fé mais a sério do que sua carreira profissional. Isto quer dizer que você tem de trabalhar nisso. Uma das formas de fazê-lo é estar sempre pronto para estudar a Palavra de Deus, orar regularmente, participar de algum tipo de discipulado e partilhar as boas-novas de Deus com outras pessoas. Porém, o mais importante é você trabalhar a condição de seu coração, mantendo-o ligado a Deus. Esse é o seu trabalho — somente seu — e Deus diz que é a coisa mais importante que você pode fazer. E aqui vão mais algumas boas notícias: quanto mais você se empenha no trabalho de manter sua fé, mais Deus irá guiá-lo em outros aspectos da vida, como encontrar a perfeita carreira profissional. Assim, essa é uma situação onde realmente todos ganham.

## ▶ MINHA ORAÇÃO

> *Querido Deus,*
> *Ajuda-me a lembrar que o Senhor deseja me ver crescendo na minha fé. Mostra-me novas formas de fazer isso — e ajuda-me a não ser preguiçoso. Amém.*

## ▶ PAVIMENTANDO O CAMINHO

> Meu trabalho mais importante é crer em Deus.

## ▶ PALAVRA FINAL

> *Confie no* SENHOR *de todo o coração e não se apoie na sua própria inteligência. Lembre de Deus em tudo o que fizer, e ele lhe mostrará o caminho certo.* PROVÉRBIOS 3.5,6

# 27. ALIMENTO PARA A ALMA

### ▶ APRENDENDO DE **JESUS, A ROCHA**

> ...*Eu sou o pão da vida. Quem vem a mim nunca mais terá fome, e quem crê em mim nunca mais terá sede.* JOÃO 6:35

Esta é uma afirmação bem ousada, e que muitos dos ouvintes de Jesus não conseguiam compreender de jeito nenhum. Jesus estaria sugerindo que eles deveriam se tornar canibais e realmente comer Sua carne? Sério, muitos fizeram exatamente esta pergunta. No entanto, tal afirmação era apenas o começo de uma longa série de metáforas com alimento em que Jesus não se limitou a comparar-se ao alimento; o Mestre na verdade disse que Ele era o próprio alimento.

É claro que você provavelmente sabe agora (pelo menos em sua mente) que Jesus falava de alimento espiritual. O problema é que Ele estava tentando apresentar esta mensagem para ouvintes que não eram muito acostumados a escutar com ouvidos espirituais. Para eles, comida era comida, bebida era bebida. Eles estavam confusos.

Talvez você também esteja. Você consegue entender a realidade de que Jesus deseja que você esteja tão ligado ao Senhor que seria quase como se o estivesse consumindo fisicamente? Jesus anseia por ser parte integrante de sua vida, como se estivesse lhe pedindo que pegasse um grande pedaço dele e comesse, estabelecendo-o em seu interior. Talvez essa ideia o assuste. Se esse for o caso, talvez seja porque esteja ouvindo Suas palavras com seus ouvidos físicos e não com os ouvidos espirituais.

Jesus quer habitar em seu interior de tal modo que você não se sinta espiritualmente vazio ou faminto. Ele deseja saciar aquela profunda fome interior até que se sinta completamente nutrido. Ele deseja que você se sinta saciado por Ele, por Seu amor, Seu perdão, Sua misericórdia, Sua alegria, Sua graça — tantas coisas com as quais Ele quer preencher o seu vazio. No entanto, até você reconhecer que está espiritualmente faminto sem Ele, o Senhor não pode lhe dar tudo isso. Ele não força ninguém a recebê-lo.

## ▶ MINHA ORAÇÃO

> *Querido Deus,*
> *Sei que estou espiritualmente faminto, mas algumas vezes me esqueço de ir a ti. Por favor, preenche todo o meu vazio interior com tudo o que tens para mim. Satisfaz meus anseios com a Tua presença. Amém.*

## ▶ PAVIMENTANDO O CAMINHO

> Somente Deus pode preencher o vazio que está dentro de mim.

## ▶ PALAVRA FINAL

> *Assim como a corça deseja as águas do ribeirão, assim também eu quero estar na tua presença, ó Deus! Eu tenho sede de ti, o Deus vivo! Quando poderei ir adorar na tua presença?* SALMO 42:1,2

\# VIDA AO MÁXIMO

# 28. SEM REJEIÇÃO

## ▶ APRENDENDO DE **JESUS, A ROCHA**

> *Todos aqueles que o Pai me dá virão a mim; e de modo nenhum jogarei fora aqueles que vierem a mim. Pois eu desci do céu para fazer a vontade daquele que me enviou e não para fazer a minha própria vontade. E a vontade de quem me enviou é esta: que nenhum daqueles que o Pai me deu se perca, mas que eu ressuscite todos no último dia.*
> JOÃO 6:37-39

Todo mundo já foi rejeitado alguma vez. Se ainda não aconteceu com você, apenas espere, vai acontecer. Faz parte da vida. Porém, Jesus promete que Ele *jamais* o rejeitará. É uma promessa com a qual você pode contar. Jesus também deseja que Seus ouvintes compreendam que não apenas Ele nunca os rejeitará, mas que veio também para fazer a vontade de Deus. Jesus se relaciona diretamente com Deus, mas ao mesmo tempo, deixa bem claro que é o Pai quem está no comando, não Ele próprio.

Jesus sabia que este povo tinha um entendimento básico de Deus, embora um pouco equivocado. Ele esperava que o respeito que eles tinham por Deus e sua crença nele, de algum modo pudesse fazê-los considerar Jesus como sendo um embaixador de Deus. Jesus também sabia (graças aos fariseus hipócritas e outros líderes religiosos) que aquele povo a quem se dirigia tinha um medo muito sério de ser rejeitado por Deus. Dia após dia esse medo ficava sobre a cabeça deles como uma nuvenzinha escura — que os consumia com a preocupação de que se sua vida não fosse "perfeita" (de acordo com um monte de leis absurdas e impossíveis de serem cumpridas), Deus os rejeitaria. Que fardo pesado para se carregar!

De algum modo, Jesus precisava convencê-los (e a nós também) de que não apenas Ele jamais rejeita alguém, mas construirá um caminho para que cada pessoa possa se unir novamente com Deus — permanentemente. Essa é uma promessa ainda maior — sem rejeição e com um relacionamento eterno. Naturalmente, neste ponto, Jesus ainda não havia terminado Sua obra na Terra. Consequentemente, Seus ouvintes ainda se sentiam confusos. Mas apenas ao ouvir a doce promessa de que Jesus jamais os rejeitaria deve ter sido um enorme conforto. É uma promessa à qual você também deve se apegar.

## ▶ MINHA ORAÇÃO

*Querido Deus,*
*Obrigado por me aceitares exatamente como sou. Obrigado porque o Senhor jamais me rejeitará. Por favor, ajuda-me também a nunca rejeitar-te.*

## ▶ PAVIMENTANDO O CAMINHO

Deus jamais irá me rejeitar.

## ▶ PALAVRA FINAL

*Diante de tudo isso, o que mais podemos dizer? Se Deus está do nosso lado, quem poderá nos vencer? Ninguém!*
ROMANOS 8:31

# 29. A GRANDE PROMESSA

## ▶ APRENDENDO DE **JESUS, A ROCHA**

> *Só poderão vir a mim aqueles que forem trazidos pelo Pai, que me enviou, e eu os ressuscitarei no último dia. [...] Isso não quer dizer que alguém já tenha visto o Pai, a não ser aquele que vem de Deus; ele já viu o Pai. Eu afirmo a vocês que isto é verdade: quem crê tem a vida eterna.* JOÃO 6:44,46,47

Jesus está demonstrando aqui o estreito relacionamento entre Ele e o Pai. É indispensável que as pessoas entendam isto. Se não compreenderem que Deus é Seu Pai e que Jesus e Deus são um, o plano da salvação será incompreensível. Jesus sabia que este era um conceito essencial para as pessoas. Elas tinham indagações e dúvidas. Como poderia um ser humano ser também Filho de Deus? Como seria possível que esse homem Jesus, que parecia ser tão normal e nem tinha asas, tivesse realmente vindo do Céu? Isto não fazia sentido. Não mesmo, de jeito nenhum.

Eles também questionaram como Jesus poderia ser capaz de fazer promessas tão grandiosas. Como poderia garantir que *Ele* tinha a capacidade de lhes oferecer a vida eterna? Mesmo que eles pudessem acreditar que isto fosse possível, ainda assim era uma grande luta pessoal para entender. Novamente, era porque Jesus ainda não tinha completado Sua obra na Terra. No tempo certo, tudo iria fazer mais sentido — peças perdidas do quebra-cabeças iriam surgir e todo o quadro seria revelado.

Felizmente, hoje temos todas essas peças. Agora conhecemos a história completa. Mesmo assim, nos comportamos algumas vezes como aqueles ouvintes de Jesus que ainda estavam nas trevas. Lutamos com nossas dúvidas e indagações. Talvez possamos dizer a nós mesmos que tudo isso é bom demais para ser verdade. Ou ficamos questionando sobre como é possível Jesus nos fazer uma promessa tão incrível. Mas Cristo faz tudo se tornar muito simples. Claramente Ele afirma que se crermos nele, teremos a vida eterna. Ele está cuidando de tudo para nós. Menos de uma coisa — temos de escolher crer nele. Isto é conosco.

## ▶ MINHA ORAÇÃO

> *Querido Deus,*
> *Creio em ti. Creio que enviaste Jesus para me mostrar o caminho para chegar à Tua presença. Creio que já me deste a vida eterna. Ajuda-me para que minha fé se torne mais forte.*

## ▶ PAVIMENTANDO O CAMINHO

> Minha fé em Jesus é o meu passaporte para a vida eterna.

## ▶ PALAVRA FINAL

> *Por isso quem crê no Filho tem a vida eterna; porém quem desobedece ao Filho nunca terá a vida eterna, mas sofrerá para sempre o castigo de Deus.* JOÃO 3:36

# 30. O PÃO VIVO

## ▶ APRENDENDO DE **JESUS, A ROCHA**

> *Eu sou o pão da vida. [...] Eu sou o pão vivo que desceu do céu. Se alguém comer desse pão, viverá para sempre. E o pão que eu darei para que o mundo tenha vida é a minha carne.* JOÃO 6:48,51

Jesus não apenas compara a si mesmo a um alimento — Ele declara sem rodeios que Ele *é* o alimento. Ele é o Pão da Vida. Foi enviado do céu. Qualquer um que dele comer irá viver para sempre.

Estas eram palavras difíceis para Seus ouvintes engolirem. Mais uma vez, a mente deles começou a pensar em coisas como canibalismo, e se lembraram de algumas religiões pagãs em que seus praticantes faziam estranhos ritos, como sacrifícios humanos. Seguramente não era disso que Jesus estava falando! Ou seria?

Mais uma vez Jesus colocou ênfase no fato de que Ele veio do Céu. Não era um pão humano. Não estava tentando introduzir uma nova religião canibalesca. O Senhor queria que Seus ouvintes abrissem os ouvidos espirituais para entender realmente o significado do que Ele estava dizendo. Jesus queria que soubessem o quanto Ele desejava que estivessem tão ligados a Ele quanto o pão de cevada e o azeite que haviam consumido no almoço, os quais lhes proviam energia e nutrição. Jesus queria estar tão imerso em seu ser como o vinho tinto, no qual eles molhavam o pão, se apega à sua corrente sanguínea. Cristo não estava dizendo que isto aconteceria no campo físico — você compreende isso agora — mas no campo espiritual.

Jesus nos ama tanto que deseja ser a parte crucial de nossa vida. Ele quer estar tão fortemente conectado, tão unido conosco de modo que sejamos um com Ele. Jesus deseja fluir através de nossa vida, e quer que recebamos com prazer Sua presença da mesma forma como nosso organismo recebe os alimentos saudáveis.

## ▶ MINHA ORAÇÃO

> *Querido Deus,*
> *Convido-te para me preencheres com todas as coisas boas que tens para mim. Ajuda-me a ter Tua presença em minha vida até que eu me sinta completamente preenchido. Amém.*

## ▶ PAVIMENTANDO O CAMINHO

> Jesus é o Pão que me dá vida.

## ▶ PALAVRA FINAL

> *Pois ele dá água aos que têm sede e coisas boas aos que estão com fome.* SALMO 107:9

# 31. VIDA EM SEU SANGUE

## ▶ APRENDENDO DE **JESUS, A ROCHA**

> ...se vocês não comerem a carne do Filho do Homem e não beberem o seu sangue, vocês não terão vida [...]. Pois a minha carne é a comida verdadeira, e o meu sangue é a bebida verdadeira. Quem come a minha carne e bebe o meu sangue vive em mim, e eu vivo nele. JOÃO 6:53,55,56

Imagine os suspiros horrorizados que devem ter sido ouvidos quando Jesus fez esta declaração. Novamente, Ele estaria dizendo que eles precisavam comer Sua carne e beber Seu sangue de verdade? Alguns ouvintes devem ter ficado tão aborrecidos que bem depressa foram embora. Outros podem ter sido capturados pela sensação de que queriam ver mais — do mesmo jeito que os motoristas diminuem a velocidade para observar um terrível acidente de trânsito. As reações provavelmente foram variadas, mas você pode ter certeza de que Jesus chamou a atenção de todos ao dizer estas palavras.

Uma coisa era Jesus chamar a si mesmo de Pão da Vida e convidar as pessoas a comerem esse pão. Talvez eles até tivessem começado a entender naquela altura. Agora, de repente, Ele está dizendo que eles deviam comer Sua carne e beber Seu sangue. Como poderia ser isto? O que isso realmente significava?

O sangue é símbolo tanto de vida quanto de morte. E Jesus oferece ambos, vida e morte, para cada pessoa. Ele está nos convidando a participar de Sua vida, primeiro, fazendo parte de Sua morte. Ele sabia que Seu sangue físico seria em breve derramado dando fim à Sua vida terrena. Ao mesmo tempo, tinha conhecimento de que somente por meio de Sua morte, toda a humanidade poderia finalmente se unir a Deus o Pai, e somente por meio do derramamento de Seu sangue é que Ele poderia lhes oferecer a vida real, a vida eterna.

Naturalmente, Seus ouvintes não conseguiam compreender isto. Nem mesmo Seus leais discípulos aceitavam. Eles não queriam que Jesus morresse. E certamente não queriam beber Seu sangue. Estavam tão confusos quanto os demais. Talvez você também esteja confuso. Mas, lembre-se de que Jesus estava falando em termos espirituais. Ele simplesmente está oferecendo a si mesmo e Sua morte como o passaporte para a vida eterna. O sangue é igual a vida. Mas, novamente, para receber essa vida, você precisa se dispor a aceitá-la.

## ▶ MINHA ORAÇÃO

*Querido Deus,*
*Muito obrigado por esse maravilhoso dom da vida. Sei que isso custou a morte de Jesus e Seu sangue, e quero, de fato, aceitá-lo. Obrigado! Amém.*

## ▶ PAVIMENTANDO O CAMINHO

O sangue de Jesus representa a vida eterna para mim.

## ▶ PALAVRA FINAL

*Portanto, não fiquem aflitos, procurando sempre o que comer ou o que beber. Pois os pagãos deste mundo é que estão sempre procurando todas essas coisas. O Pai de vocês sabe que vocês precisam de tudo isso.* LUCAS 12:29,30

# 32. O PÃO QUE VEIO DO CÉU

## ▶ APRENDENDO DE **JESUS, A ROCHA**

> *O Pai, que tem a vida, foi quem me enviou, e por causa dele eu tenho a vida. Assim, também, quem se alimenta de mim terá vida por minha causa. Este é o pão que desceu do céu. Não é como o pão que os antepassados de vocês comeram e mesmo assim morreram. Quem come deste pão viverá para sempre.* JOÃO 5:57,58

Você acha que Jesus repetiu essa afirmação apenas para ouvir o som de Sua própria voz? Claro que não. Ele o fez simplesmente por saber que Seus ouvintes não estavam compreendendo. E tinha que tornar tudo isso o mais claro possível, mesmo que significasse ficar batendo na mesma tecla. Jesus estava oferecendo palavras de vida e eles precisavam agarrar-se a elas.

Cristo ainda deu maior ênfase ao Seu ensino, ao lembrar Seus ouvintes dos antepassados deles, pois sabia que todos já conheciam a história de seu povo — de como Moisés conduziu os filhos de Israel, tirando-os do cativeiro do Egito, de como tiveram fome no deserto, e Deus fez chover pão do céu para alimentá-los. Era uma história alegre de milagres que aquele povo ouvia desde sua infância.

Então Jesus os lembrou de que aqueles mesmos antepassados, os que se alimentaram com o pão do céu, acabaram morrendo. Embora o pão tivesse enchido o estômago deles, não lhes deu vida eterna. Jesus deseja que você entenda que Ele mesmo criou uma profunda fome em seu interior. Se tentar saciar essa fome com pizzas, sanduíches ou batatas fritas (que podem aumentar sua cintura), você ainda assim continuará espiritualmente faminto. Até que entenda que Jesus é o único que pode satisfazer tal fome, você tentará preencher o vazio com alguma coisa.

Jesus é o Pão do Céu. Quando Ele habita em sua vida, você se sente satisfeito e completo espiritualmente, e tem a vida eterna. Por que você se contentaria com menos?

## ▶ MINHA ORAÇÃO

*Querido Deus,*
*Compreendo que tenho fome espiritual. Desejo que Jesus, o Pão da Vida, preencha o vazio que tenho em minha alma.*
*Amém*

## ▶ PAVIMENTANDO O CAMINHO

Jesus pode satisfazer minha profunda fome espiritual.

## ▶ PALAVRA FINAL

*E o meu Deus, de acordo com as gloriosas riquezas que ele tem para oferecer por meio de Cristo Jesus, lhes dará tudo o que vocês precisam.* FILIPENSES 4:19

# 33. EXPECTATIVAS ERRADAS

## ▶ APRENDENDO DE **JESUS, A ROCHA**

> Vocês querem me abandonar por causa disso? E o que aconteceria se vocês vissem o Filho do Homem subir para onde estava antes? O Espírito de Deus é quem dá a vida, mas o ser humano não pode fazer isso. As palavras que eu lhes disse são espírito e vida. [...] Foi por esse motivo que eu disse a vocês que só pode vir a mim a pessoa que for trazida pelo Pai. JOÃO 6:61-63,65

Jesus sabia que Suas palavras estavam deixando o povo inquieto. Ele sabia que as pessoas estavam confusas e cheias de dúvidas, quase a ponto de desistir. Talvez pensassem por que Ele não lhes contava mais algumas daquelas histórias "agradáveis" ou, quem sabe, fizesse algum milagre de cura. Ou então, Seu discurso acerca do pão havia feito seu estômago vazio roncar, e desejavam que Jesus fizesse aparecer alguns pães e peixes para alimentá-los.

Em vez disso, Ele estava usando armamento pesado. Estava colocando a plateia contra a parede, dizendo para os ouvintes que Ele era realmente o Filho do Homem e que havia sido enviado pelo Pai. Tudo o que lhes falava tinha um sentido espiritual, e lhes apresentava palavras de vida. Talvez você esteja pensando por que era tão difícil para aquele povo entender. Por que Jesus estava martelando tanto sobre isso na cabeça deles?

Por um lado, ainda não era tempo de que compreendessem plenamente quem era Ele, nem exatamente por que Ele tinha vindo. Jesus estava consciente disso. Sabia que estava lançando o alicerce. Mas uma outra razão, talvez a maior, fosse porque o que Deus faria não era o que aquele povo estava esperando. Essa não era a maneira como eles pensavam que Deus agiria. Graças às ideias de seus líderes incapazes e aos pressupostos errados, eles jamais esperariam que Deus lhes daria a salvação e a vida desta forma. Talvez, se Jesus estivesse vestido com roupas brilhantes, enfeitadas com muito ouro, e estivesse montado num imponente cavalo branco, lançando fogo com as pontas dos dedos... bem, isso poderia ter sido mais parecido com o pensamento que tinham.

Mas não era assim que Deus estava agindo. Seu plano era maior e muito superior ao que a mente humana deles poderia sonhar ou imaginar. Entretanto, estavam achando difícil deixar de lado suas velhas, desgastadas e equivocadas expectativas. Tinham aprendido a colocar Deus numa caixa, e agora estava sendo muito difícil tirá-lo de lá. No entanto, Jesus estava pronto para quebrar completamente aquela caixa e deixá-la bem aberta.

## ▶ MINHA ORAÇÃO

*Querido Deus,*
*Ajuda-me a jamais colocar-te numa caixa. Lembra-me do quanto és grande, e de como ages em minha vida de algumas formas imprevisíveis e incríveis. Amém.*

## ▶ PAVIMENTANDO O CAMINHO

O meu Deus é cheio de surpresas.

## ▶ PALAVRA FINAL

*Por estarmos unidos com Cristo, por meio da nossa fé nele, nós temos a coragem de nos apresentarmos na presença de Deus com toda a confiança.* EFÉSIOS 3:12

# 34. RECONHEÇA A VERDADE

## ▶ APRENDENDO DE **JESUS, A ROCHA**

> *O que eu ensino não vem de mim, mas vem de Deus, que me enviou. Quem quiser fazer a vontade de Deus saberá se o meu ensino vem de Deus ou se falo em meu próprio nome. Quem fala em seu próprio nome está procurando ser elogiado. Mas quem quer conseguir louvores para aquele que o enviou, esse é honesto, e não há falsidade nele.*
> JOÃO 7:16-18

Jesus estava ensinando no Templo, e de repente, foi questionado e desafiado. Embora pudesse ser perfeitamente aceitável a um homem que "tivesse bom conhecimento" ensinar casualmente no Templo, os judeus não acreditavam que Jesus tinha formação suficiente. Talvez, tenham se sentido ameaçados por Ele, ou quem sabe, Suas palavras os deixaram em situação desconfortável. Vamos nos lembrar de que essas pessoas ainda permaneciam com seu próprio entendimento das coisas espirituais e mantinham perspectivas equivocadas. Sua zona de conforto era manter Deus seguro numa caixa.

Mais uma vez, Jesus interrompeu o discurso deles. Ele disse aos judeus claramente que não estava ensinando Suas próprias ideias ou opiniões pessoais (diferentemente dos fariseus); Ele simplesmente estava ensinando as verdades de Deus. Disse ainda que se eles verdadeiramente estivessem ligados com Deus, saberiam que Jesus era realmente a voz dele (na verdade, o próprio Filho de Deus). Mas estes homens ainda estavam nas trevas. Permaneciam confiantes em suas crenças equivocadas. Certamente, eles poderiam estar esperando a vinda do Cristo (o Messias), mas tinham certeza de que Jesus não poderia ser o verdadeiro Messias.

Esta é, de fato, a verdadeira questão que cada pessoa terá de enfrentar ao longo de toda a sua vida — Jesus é realmente o Filho de Deus, e se Ele o é, o que isso tem a ver pessoalmente com cada um? Quando continuamos crendo em nossos falsos conceitos e expectativas enganosas, e nos recusamos a aceitar que Jesus foi enviado por Deus, estamos essencialmente rejeitando o amor e o perdão de Deus, uma vez que Jesus veio à Terra para nos dar tudo isso. No entanto, quando cremos que Jesus foi enviado por Deus, quando abraçamos esta verdade e recebemos Seu amor e perdão, então estaremos unidos a Deus, não apenas aqui na Terra, mas por toda a eternidade.

## ▶ MINHA ORAÇÃO

*Querido Deus,*
*Por favor, ajuda-me a separar os fatos das ficções.*
*Mostra-me como saber a diferença entre o que é a Tua verdade e o que não é. Amém.*

## ▶ PAVIMENTANDO O CAMINHO

A verdade de Deus é imutável.

## ▶ PALAVRA FINAL

*O Senhor é o único Deus; somente Deus é a nossa rocha.*
SALMO 18:30

# 35. APRENDA A DISCERNIR

## ▶ APRENDENDO DE **JESUS, A ROCHA**

> Fiz um milagre alguns meses atrás, e vocês ainda estão todos preocupados, imaginando o que estou para fazer [...]. Não fiquem procurando defeitos. Usem a cabeça — e o coração! — para discernir o que é certo, para testar o que é de fato correto. JOÃO 7:20,24 (MSG)

Imagine que você é um médico, e ouviu falar de uma ilha distante em que as pessoas estão sofrendo de uma doença mortal horrível. Agora, imagine que você tem o único remédio para a cura dessa doença, uma vacina que você mesmo inventou. Então decide ir até lá e levar o remédio para eles. Isto vai lhe custar caro — você terá de vender sua casa e seu carro tunado para conseguir comprar vacinas em número suficiente, mas você vai em frente, apesar de tudo. A seguir, você faz uma viagem até a ilha. Embora o povo esteja doente e morrendo, todos se recusam a acreditar que você é realmente um médico e que a vacinação pode salvar a vida deles. Que frustração!

Não temos como comparar, mas isso é apenas uma pequena parte diante do que Jesus deve ter sentido. Provavelmente não fazemos a menor ideia das tantas vezes e de quanta frustração Ele sentiu. Ele sabia quem era, sabia quem o havia enviado, sabia que tinha as palavras de vida... e assim mesmo, parece que ninguém conseguiu entender tudo isso. Ou então, estavam tão distraídos, discutindo banalidades — tipo, complicando tudo.

Algumas vezes fazemos a mesma coisa. Nós nos tornamos críticos religiosos e caímos na discussão de argumentos ridículos, como se a Bíblia dissesse isto ou aquilo. Em vez de lembrar de que a principal mensagem bíblica é o amor uns pelos outros, usamos a Palavra de Deus para espancarmos os outros. Jesus está nos convidando a usarmos a cabeça *e o coração* para que possamos entender o que é certo (e o que é errado). Em outras palavras, Ele está nos dizendo que precisamos aprender a discernir — precisamos ser capazes de reconhecer quando algo é verdadeiro ou não, quando alguma coisa é boa ou não. Mas para aprender a fazer isso, precisamos ir a Ele, porque Ele é o único que pode conceder o discernimento.

## ▶ MINHA ORAÇÃO

*Querido Deus,*
*Ajuda-me a saber discernir as coisas. Ensina-me a usar*
*a cabeça e o coração para pensar, e ajuda-me a evitar*
*discussões tolas. Amém.*

## ▶ PAVIMENTANDO O CAMINHO

Deus pode me ensinar a usar a cabeça e o coração.

## ▶ PALAVRA FINAL

*Não vivam como vivem as pessoas deste mundo, mas deixem que Deus os transforme por meio de uma completa mudança da mente de vocês. Assim vocês conhecerão a vontade de Deus, isto é, aquilo que é bom, perfeito e agradável a ele.* ROMANOS 12:2

# 36. O CONECTOR

## ▶ APRENDENDO DE **JESUS, A ROCHA**

> *Será que vocês me conhecem mesmo e sabem de onde eu sou? Eu não vim por minha própria conta. Aquele que me enviou é verdadeiro, porém vocês não o conhecem. Mas eu o conheço porque venho dele e fui mandado por ele.*
> JOÃO 7:28,29

Jesus estava ensinando no Templo e, de repente, foi como se a luz começasse a iluminar a mente de algumas pessoas. Elas realmente começaram a falar umas com as outras, especulando se Jesus não poderia ser de fato o Messias. Isto foi um grande avanço para o ministério de Jesus. As pessoas começavam a entender!

Assim, Ele passou a lhes falar diretamente. Disse-lhes que estavam absolutamente certas, e que as pressuposições que tinham a respeito dele, de que viera de Deus, estavam na direção certa. As palavras de Jesus provavelmente as pegaram de surpresa, porque estavam apenas cochichando umas com as outras. Finalmente, Jesus capturara toda a atenção dessas pessoas. Foi então que lhes disse que elas realmente não conheciam a Deus.

Embora Jesus estivesse sendo honesto e direto, era como se tivesse esbofeteado o rosto daqueles homens religiosos. Especialmente, porque estavam no Templo naquele momento, querendo demonstrar sua pretensa piedade. Foi assim que estes homens, agora irados e ofendidos, tentaram prender Jesus. Mas como ainda não era o Seu tempo, apesar dos esforços deles, Jesus escapou.

Mas tudo havia ficado bem claro. Jesus conhecia a Deus porque Ele era Deus, e o Senhor era aquele que o tinha enviado. Mais uma vez, trata-se de uma união — Jesus unido a Deus, e Ele deseja ser aquele que une você a Deus. Ele sabe que sem essa união, você ficará facilmente perdido e confuso, e sua vida se tornará vazia e sem significado.

## ▶ MINHA ORAÇÃO

*Querido Deus,*
*Quero estar unido ao Senhor. Obrigado por tudo o que fizeste para te relacionares comigo. Ajuda-me a me manter unido a ti sempre. Amém.*

## ▶ PAVIMENTANDO O CAMINHO

Conheço a Deus e Ele me conhece.

## ▶ PALAVRA FINAL

*Quem ouve esses meus ensinamentos e vive de acordo com eles é como um homem sábio que construiu a sua casa na rocha.* MATEUS 7:24

# 37. MOVENDO MONTANHAS

## ▶ APRENDENDO DE **JESUS, A ROCHA**

> *Mas que geração! Vocês não conhecem Deus e são muito maus! Até quando vou aguentar esse tipo de coisa? Quantas vezes ainda vou ter de passar por isso? [...] Por que vocês não levam Deus a sério? [...] A verdade simples é que, se vocês tivessem fé, pequena como uma semente de mostarda, poderiam dizer a esta montanha: "Saia daqui!", e ela sairia. Não haveria nada que vocês não pudessem enfrentar.*
> MATEUS 17:17,20,21 (MSG)

Será que você consegue ouvir certa frustração nas palavras de Jesus? É como se Ele estivesse ali, com Seus braços estendidos, lhes oferecendo todas as respostas, mas o povo não tivesse o menor interesse. Parecia que a mente deles estava calejada e não podiam verdadeiramente crer em Cristo. Eles hesitavam, se recusavam a crer e duvidavam dele. Nunca chegavam ao ponto de realmente entender aquilo que Ele estava tentando lhes conceder. Deve ter sido um desafio para Jesus se manter calmo.

Nesta parte das Escrituras, os discípulos haviam acabado de pedir a Jesus que os ajudasse a curar um garoto epiléptico. O Mestre já tinha deixado bem claro que eles mesmos poderiam realizar milagres de cura por estarem unidos a Ele. Mas eles levantaram as ineficazes mãos, suplicando a Ele, porque não estavam conseguindo. Então Jesus foi em direção ao garoto e o curou. Ele usou esta oportunidade para lembrar-lhes de que bastava uma pequenina fé da parte deles — tão pequena quanto uma semente de mostarda para fazer grandes coisas. Se levassem a sério o relacionamento com Deus, poderiam realizar qualquer coisa com Sua ajuda.

O mais interessante é que pouco tempo depois (após a morte e ressurreição de Jesus), estes mesmos discípulos estariam realizando milagres incríveis. As coisas aconteceriam exatamente como Jesus disse. Sua fé, pequena como uma semente, cresceria e se tornaria imensa e poderosa, em algo ainda bem maior do que mover uma montanha — a fé e as obras que realizaram mudaram a história de todo o mundo.

## ▶ MINHA ORAÇÃO

> *Querido Deus,*
> *Algumas vezes minha fé parece menor do que um grão de mostarda. Por favor, lembra-me de que podes fazer qualquer coisa, e tudo o que preciso é confiar no Senhor para que minha fé aumente. Amém.*

## ▶ PAVIMENTANDO O CAMINHO

> Vou plantar minha fé, do tamanho de uma semente, em Deus.

## ▶ PALAVRA FINAL

> *...Não façam essa asneira. Vocês estão diante do Pai! E ele sabe de que estão precisando, melhor do que vocês mesmos...* MATEUS 6:8 (MSG)

# 38. UM PLANO DE TRÊS PARTES

## ▶ APRENDENDO DE **JESUS, A ROCHA**

> *O Filho do Homem será entregue nas mãos dos homens, e eles vão matá-lo; mas três dias depois ele será ressuscitado.*
> MATEUS 17:22,23

Embora Jesus já tivesse predito várias vezes Sua morte e ressurreição, parecia que Seus discípulos nem estavam prestando atenção — ou talvez não acreditassem que isso realmente aconteceria. Quando você vê quão agitados eles ficaram no momento em que Jesus foi preso e crucificado; é como se eles estivessem cegos. Ou simplesmente estavam num estado de negação profunda desses fatos, porque o amavam muito e não queriam que Ele os deixasse. Seja qual for o caso, Jesus não manteve Sua morte iminente em segredo. Ele procurou deixá-la bem à mostra para que os discípulos pudessem saber.

Para ser justo com eles, imagine como seria muito chocante um querido amigo ter de dizer a você que (1) ele será traído, (2) morto e (3) depois de três dias ressuscitará dos mortos. Isso seria muita coisa para esquentar sua cabeça.

Você tem de levar em conta o fato de que Jesus não guardou o plano para si mesmo. Ele não estava tentando surpreender ninguém (embora o mundo todo iria realmente se sentir chocado). Como sempre, Jesus estava se antecipando aos Seus discípulos. Ele colocou as cartas na mesa ao dizer-lhes exatamente o que estava para acontecer. Mesmo que não compreendessem plenamente que Ele seria condenado à morte e em seguida voltaria à vida, ainda assim, Ele os estava avisando antes dos acontecimentos. Jesus sabia que eles se lembrariam de tudo o que realmente Ele havia lhes contado com antecedência, quando as coisas começassem a acontecer. No tempo certo, tudo começaria a fazer sentido.

É como na sua vida também — você nem sempre pode ver o que está acontecendo na próxima esquina. Mas Jesus pode. Ele lhe dará informações sobre tudo o que vai necessitar para onde está indo, mas não de uma só vez. Às vezes, o processo se parece como colocar as peças de um quebra-cabeças juntas, uma peça de cada vez — até que todo o quadro seja revelado. Da mesma forma, o completo plano de Deus seria revelado somente após a morte e ressurreição de Jesus.

## ▶ MINHA ORAÇÃO

*Querido Deus,*
*Obrigado porque enviaste Jesus à Terra para que eu pudesse me relacionar contigo. Amém.*

## ▶ PAVIMENTANDO O CAMINHO

Jesus morreu e ressuscitou para eu poder viver.

## ▶ PALAVRA FINAL

*Escutem! Eu estou à porta e bato. Se alguém ouvir a minha voz e abrir a porta, eu entrarei na sua casa, e nós jantaremos juntos.* APOCALIPSE 3:20.

# 39. IMPOSTOS OU CONFIANÇA

## ▶ APRENDENDO DE **JESUS, A ROCHA**

> *...Então os filhos estão isentos, certo? Mas para que não os preocupemos desnecessariamente, vá até o mar, lance o anzol e puxe o primeiro peixe que fisgar. Abra a boca do peixe e encontrará uma moeda. Entregue-a aos cobradores de impostos. Será o bastante para nós dois.* MATEUS 17:26,27 (MSG)

Jesus tinha sido questionado sobre se Ele e Seus discípulos deviam ou não pagar impostos. Ironicamente, pagar impostos naquele tempo era uma dor de cabeça (talvez até mais), como atualmente. De fato, a maior parte dos cobradores de impostos eram bandidos que pegavam mais dinheiro do que era devido.

Jesus respondeu a esta questão com uma pergunta. Ele lembrou que os cobradores de impostos deviam saber que, em seu próprio país, apenas os estrangeiros deveriam pagar os impostos e não os moradores locais, como o caso de Jesus e Seus discípulos. Embora isso fosse essencialmente verdadeiro, não era o que acontecia de verdade. Os moradores locais estavam sendo tributados ao máximo e não havia como escapar disso.

Depois de mostrar que estes impostos eram injustos, Ele disse que não queria fazer disso um problema. Assim, pediu a um discípulo que fosse até o lago e pescasse um peixe. Uma resposta extraordinariamente estranha, mas você quase pode imaginar o brilho nos olhos de Jesus ao acrescentar: "Abra a boca do peixe e encontrará uma moeda. Entregue-a aos cobradores de impostos. Será o bastante para nós dois". Com certeza, foi isso o que aconteceu.

O argumento de Jesus nessa "transação" parece constar de três partes. Primeiro, Ele deixou claro que esses impostos eram injustos. De fato, há muitas coisas na vida que são injustas. Segundo, Ele disse que não valia a pena entrar numa batalha por causa dos impostos. Não era grande coisa. E por quê? Essa é a terceira parte, onde entra o peixe — Jesus sabe que Deus proverá, e nós devemos confiar que o Senhor nos dará aquilo que precisamos e será muito melhor do que se ficássemos aborrecidos por causa dos impostos injustos.

## ▶ MINHA ORAÇÃO

*Querido Deus,*
*Ensina-me a confiar em ti em relação a todas as coisas.*
*Mesmo quando a vida não for justa, ajuda-me a crer que cuidas de mim. Amém.*

## ▶ PAVIMENTANDO O CAMINHO

A vida não é justa, mas Deus provê o necessário.

## ▶ PALAVRA FINAL

*Se obedecem a Deus e o adoram, então têm paz e prosperidade até o fim da vida.* JÓ 36:11

# 40. PEQUENOS EXEMPLOS

## ▶ APRENDENDO DE **JESUS, A ROCHA**

> ...*Eu afirmo a vocês que isto é verdade: se vocês não mudarem de vida e não ficarem iguais às crianças, nunca entrarão no Reino do Céu. A pessoa mais importante no Reino do Céu é aquela que se humilha e fica igual a esta criança.* MATEUS 18:3,4

Você já pensou que essa afirmação sobre as crianças poderia ser um dos mais poderosos e memoráveis ensinos de Jesus? Sim, é mesmo. Talvez o impacto venha do fato de que a maioria das pessoas (tanto naquele tempo quanto agora) tende a pensar que as crianças são insignificantes e algumas vezes chegam a ser inconvenientes. Elas podem ser barulhentas e desagradáveis, embora seja fácil ignorá-las, mandar para a cama ou pedir que saiam da sala... Afinal de contas, são apenas crianças.

Mas não é assim que Jesus as vê. Quando olha para as pequenas crianças, ele vê *seres humanos completos*. Diferentemente dos adultos, essas crianças ainda não se tornaram cansativas, cínicas, apáticas, orgulhosas ou sem esperança. As crianças são ainda pequenas o suficiente para serem cheias de vida, alegria, fé e paixão — as qualidades que Jesus deseja que cada pessoa tenha.

E o melhor de tudo, estas crianças queriam abraçar Jesus. Era como se elas instintivamente soubessem quem Ele era e por que era tão especial. Elas não viam a hora de ficar perto dele. De fato, esse era o motivo de os discípulos quererem que elas se afastassem — para que não perturbassem os ensinos de Jesus. Mas Jesus viu essas criancinhas com uma excelente prática de ensino para os adultos que estavam na multidão.

Ele recomendou que os ouvintes as imitassem. Ele quer que todos nós aceitemos o Seu amor e Seus dons com o mesmo entusiasmo infantil.

## ▶ MINHA ORAÇÃO

*Querido Deus,*
*Por favor, ajuda-me a ter o coração igual ao de uma criança para que eu possa me entusiasmar e me apaixonar quando demonstrar meu amor por ti. Amém.*

## ▶ PAVIMENTANDO O CAMINHO

Serei como uma criança ao amar a Deus.

## ▶ PALAVRA FINAL

*Cuidado, não desprezem nenhum destes pequeninos! Eu afirmo a vocês que os anjos deles estão sempre na presença do meu Pai, que está no céu.* MATEUS 18:10

# 41. EM DEFESA DOS DESAMPARADOS

## ▶ APRENDENDO DE **JESUS, A ROCHA**

> *E aquele que, por ser meu seguidor, receber uma criança como esta estará recebendo a mim. Quanto a estes pequeninos que creem em mim, se alguém for culpado de um deles me abandonar, seria melhor para essa pessoa que ela fosse jogada no lugar mais fundo do mar, com uma pedra grande amarrada no pescoço.* MATEUS 18:5,6

Jesus deseja que verdadeiramente entendamos como uma criança é importante. Na verdade, Ele vai um passo além, dizendo que o modo como você trata uma criança é a forma como trata também o Senhor. Essas são palavras poderosas. Especialmente quando você considera o crescimento constante do abuso infantil, a negligência com relação às crianças e os problemas com sua saúde e nutrição em tantos países desenvolvidos como ao redor do mundo. De certa forma, Jesus está colocando grande responsabilidade sobre todos nós para cuidar melhor das crianças que estão sofrendo neste mundo. Jesus é o maior defensor dos desamparados.

Por fim, Cristo apresenta uma severa advertência para todos aqueles que levarem uma criança a "cair em pecado, dizendo que aqueles que praticam abusos infantis deveriam ser afundados no mar". Uma suposição é de que Jesus estivesse falando sobre quem tivesse praticado abuso sexual contra uma criança, e há muitos que pensam que esse tipo de ato deveria ser punido com pena de morte. Mas Jesus também poderia estar se referindo àqueles que praticam abuso físico ou verbal contra as crianças. Qualquer tipo de abuso leva a criança a questionar a própria vida, deixar de crer em Deus, e fazer escolhas erradas. Não é de admirar que Jesus condenou os abusadores.

Felizmente, Deus é capaz de restaurar o espírito abatido e pode curar as feridas de uma infância atribulada, se formos a Ele com nossas dores e as entregarmos em Sua presença. Mas para aqueles que causam o sofrimento, Jesus diz claramente — seria melhor que fossem lançados ao fundo do oceano.

## ▶ MINHA ORAÇÃO

*Querido Deus,*
*Fico muito triste ao pensar no sofrimento das criancinhas. Por favor, mostra-me como posso ajudar alguém que está sofrendo. Deixa-me ser o afago de Tuas mãos. Amém.*

## ▶ PAVIMENTANDO O CAMINHO

Deus pode me usar para ajudar os desamparados.

## ▶ PALAVRA FINAL

*Felizes são aqueles que ajudam os pobres, pois o* SENHOR *Deus os ajudará quando estiverem em dificuldades! O* SENHOR *os protegerá, guardará a vida deles e lhes dará felicidade na Terra Prometida.* SALMO 41:1,2

# 42. OS TROPEÇOS

▶ APRENDENDO DE **JESUS, A ROCHA**

> *Ai do mundo por causa das coisas que fazem com que as pessoas me abandonem! Essas coisas têm de acontecer, mas ai do culpado!* MATEUS 18:7

Jesus aqui dá uma advertência severa. Ele afirma que o mundo, em geral, está cheio de problemas por causa do modo como leva as pessoas a tropeçarem. Entretanto, isso não é uma coisa nova, e não é surpresa ver Jesus tratando desse problema. Cristo lutou com Satanás desde o princípio. Na verdade, a razão por que Jesus veio à Terra foi para equipar as pessoas para se prevenirem contra todo o lixo que Satanás tem lançado diariamente sobre o planeta. Mesmo assim, Jesus sabia que esse tipo de coisas continuaria acontecendo depois que Seu ministério terrestre terminasse. Ele também sabia que os ataques de Satanás contra os seguidores de Jesus apenas serviriam para fortalecer sua união com Deus.

Mas Sua advertência vai mais além, dizendo que Satanás receberá seu castigo. Esse aviso é semelhante àquele que adverte as pessoas a não ferir as crianças, mas aqui Jesus diz que todos aqueles que propositadamente tentam fazer alguém tropeçar devem tomar cuidado. Pense sobre isto — será que todos nós já não fizemos isso uma ou duas vezes?

Em outras palavras, Jesus está provavelmente dando um alerta a todas as pessoas. Todos precisamos nos lembrar de que algumas vezes, uma coisa pequena ou aparentemente insignificante que fazemos pode levar outra pessoa a tropeçar e cair. Poderia ser uma escolha errada, a recusa em ouvir, ou estar num lugar errado na hora errada — e arrastando um amigo com você. De repente, tudo vem abaixo, e você fica numa situação terrível, com alguém lhe apontando o dedo. Jesus está dizendo para você não ir ali. Já é ruim o bastante quando você comete um erro e isso lhe traz sofrimento. Pior ainda é quando leva alguém com você.

## ▶ MINHA ORAÇÃO

*Querido Deus,*
*Por favor, ajuda-me a jamais fazer alguém tropeçar. E se eu ferir alguém, ajuda-me a fazer prontamente o que é certo e a aprender com meus erros. Amém.*

## ▶ PAVIMENTANDO O CAMINHO

Observarei meus passos ao caminhar pela vida e em como conduzirei outros.

## ▶ PALAVRA FINAL

*Assim como o meu Pai me ama, eu amo vocês; portanto, continuem unidos comigo por meio do meu amor por vocês. Se obedecerem aos meus mandamentos, eu continuarei amando vocês, assim como eu obedeço aos mandamentos do meu Pai e ele continua a me amar.* JOÃO 15:9,10

# 43. É MELHOR JOGAR FORA

## ▶ APRENDENDO DE **JESUS, A ROCHA**

> *Se uma das suas mãos ou um dos seus pés faz com que você peque, corte-o e jogue fora! Pois é melhor você entrar na vida eterna sem uma das mãos ou sem um dos pés do que ter as duas mãos e os dois pés e ser jogado no fogo eterno. Se um dos seus olhos faz com que você peque, arranque-o e jogue fora! Pois é melhor você entrar na vida eterna com um olho só do que ter os dois e ser jogado no fogo do inferno.* MATEUS 18:8,9

A advertência feita por Jesus a respeito dos pecados parece bastante extrema aqui. Na verdade, estas palavras são comumente mal compreendidas e até mesmo questionadas. Jesus estaria realmente ordenando que você cortasse sua mão ou seu pé? Você iria querer mesmo arrancar seu olho? Se Jesus o ama da maneira como você imagina, por que o faria passar por sofrimentos tais como esses?

Jesus está querendo estabelecer um argumento e quer chamar sua atenção. A discussão sobre a possibilidade de cortar partes do corpo, atrai uma pessoa para que se assente e ouça. Mas, suponha que seu pé tivesse vontade própria e achasse que seria uma boa ideia sair por aí chutando as pessoas e maltratasse com violência crianças e idosos. Então, apenas suponha que você não tivesse absolutamente nenhum controle sobre esse pé malvado que poderia até mesmo tirar a vida de outras pessoas. Sério! Não seria mais conveniente amputar esse pé do que permitir que ele arrastasse você para a prisão, em seguida para o corredor da morte e depois para o inferno?

Jesus está dizendo que se alguma coisa em sua vida o está levando a pecar, fuja disso. Nessa longa jornada de fuga, você vai ficar contente por ter fugido. Felizmente, não é uma parte de seu corpo, mas talvez, alguma coisa da internet que está mexendo com sua mente, talvez dirigir o carro em alta velocidade, ou, quem sabe, o namorado ou namorada que está levando você longe demais. Apenas afaste de si qualquer coisa que for necessário, e ao final, você vai salvar a si mesmo.

## ▶ MINHA ORAÇÃO

*Querido Deus,*
*Por favor, ajuda-me a ver se há algo em minha vida que esteja me atraindo para o pecado. Então, concede-me autodisciplina para fugir disso. Amém.*

## ▶ PAVIMENTANDO O CAMINHO

Não vou permitir que o pecado crie raízes em minha vida.

## ▶ PALAVRA FINAL

*Obedeçam às minhas leis e guardem os meus mandamentos. Eu sou o* SENHOR, *o Deus de vocês. Se obedecerem às minhas leis e guardarem os meus mandamentos, vocês viverão. Eu sou o* SENHOR. LEVÍTICO 18:4,5

# 44. AMOR PERSISTENTE

## ▶ APRENDENDO DE **JESUS, A ROCHA**

*O que é que vocês acham que faz um homem que tem cem ovelhas, e uma delas se perde? Será que não deixa as noventa e nove pastando no monte e vai procurar a ovelha perdida? Eu afirmo a vocês que isto é verdade: quando ele a encontrar, ficará muito mais contente por causa dessa ovelha do que pelas noventa e nove que não se perderam. Assim também o Pai de vocês, que está no céu, não quer que nenhum destes pequeninos se perca.* MATEUS 18:12-14

Não ficamos surpresos de que Jesus mude de falar sobre o pecado, para contar uma história de amor. A parábola da ovelha perdida tem a ver com o puro amor determinado, persistente e incondicional de Deus. A menos que você já tenha sido um pastor de ovelhas, provavelmente não saberá de fato como é cuidar desses animais, mas vamos logo dizendo que não se trata de um trabalho glamoroso. Nos dias de Jesus, os pastores eram considerados quase como sem-teto — pessoas perdedoras que não tinham capacidade para fazer mais nada além de cuidar de ovelhas. Muitos, provavelmente, recebiam esse rótulo.

Mas havia também alguns bons pastores que levavam sua profissão a sério. Eles cuidavam bem das ovelhas e se preocupavam em que elas tivessem um bom pasto para se alimentar e água limpa para beber. Eles protegiam as ovelhas dos predadores e sempre mantinham a conta certa de quantas delas havia em seu rebanho. Talvez até conhecessem cada ovelha por nome. Seguramente, se uma delas se perdesse, o bom pastor iria procurá-la. Ele escalaria terrenos acidentados e, mesmo que levasse a noite toda, não deixaria de buscá-la. Ele sabia melhor do que ninguém que uma ovelha sozinha estaria correndo perigo de virar almoço de um lobo faminto. E quando o pastor encontrava a ovelha, alegrava-se extremamente, pois se preocupava de verdade com o seu animalzinho.

Como de costume, a história de Jesus tinha mais de um objetivo. O exemplo do pastor percorrendo longas distâncias para encontrar a ovelha perdida serve para nós também. Às vezes, somos parecidos com aquele pastor — vamos até onde for preciso para resgatar alguém que está em aflição. Quando agimos assim — não para chamar a atenção ou receber um tapinha nas costas, mas porque nos interessamos verdadeiramente por aquela pessoa que se encontra em necessidade — estamos imitando Jesus, e nada poderia deixá-lo mais feliz.

## ▶ MINHA ORAÇÃO

*Querido Deus,*
*Desejo ser mais semelhante a ti. Mostra-me como posso encontrar os perdidos. Concede-me um coração que possa amar aqueles que estão necessitados. Amém.*

## ▶ PAVIMENTANDO O CAMINHO

Posso alcançar alguém perdido hoje.

## ▶ PALAVRA FINAL

*Tu és o meu esconderijo; tu me livras da aflição. Eu canto bem alto a tua salvação, pois me tens protegido.* SALMO 32:7

# 45. RESOLVA AS DIFERENÇAS

## ▶ APRENDENDO DE **JESUS, A ROCHA**

> *Se um dos que dizem ser seu irmão na fé prejudicar você, converse com ele. Consertem a situação entre vocês. Se ele ouvir, você fez um amigo. Se não ouvir, tome uma ou duas pessoas, para que a presença de testemunhas torne o ato legítimo, e tente de novo. Se ainda assim ele não ouvir, leve o caso à igreja. Se ele também não ouvir a igreja, comece do zero, tratando-o como um descrente: alerte-o da necessidade de arrependimento e ofereça outra vez o amor perdoador de Deus.* MATEUS 18:15-17 (MSG)

Jesus sabe que, por natureza, os seres humanos realmente não se dão bem entre si. Claro que as coisas podem correr bem por um tempo, mas na verdade, mesmo os melhores amigos podem se desentender. Os casais podem ter brigas no seu casamento. Sócios em negócios podem discordar um do outro. Mesmo nas igrejas, sabe-se que elas têm suas disputas internas. Assim, Jesus apresenta algumas regras muito importantes para os relacionamentos entre os cristãos.

Infelizmente, muitos viram as costas às palavras de Jesus, desprezam essas regras quando se trata de resolver diferenças. Às vezes, estamos mais preocupados em estarmos certo do que em fazer as coisas certas. Veja abaixo estas regras. Você pode desejar copiá-las em um cartão para tê-las em mãos no caso de precisar delas.

1. Se um cristão fez algo que o feriu, vá até ele ou ela e com tranquilidade, diga-lhe que isso o está ferindo. Explique como as palavras ou ações dele ou dela fazem você se sentir mal e o porquê. Seja honesto e gentil.

2. Se essa pessoa ouvir, você pode conversar com ela sobre suas diferenças. Isso pode implicar em falar sobre a responsabilidade de alguma culpa. Também pode significar que um dos dois ou ambos precisam perdoar. E se as coisas funcionarem bem, você acabou de ganhar um verdadeiro amigo.

3. Se essa pessoa não quiser ouvir você, procure outro cristão (ou dois) e explique a situação. Seja honesto e não tente fazer a outra pessoa parecer um estúpido. Sempre há os dois lados da questão.

4. Os dois ou três então devem ir até essa pessoa — não para confrontá-la, mas para falar com honestidade (com gentileza e amor) e ver se é possível resolver as diferenças. Em geral, isto funciona.

5. Se não funcionar (o que é um caso raro), e se vocês frequentam a mesma igreja, você pode ir até o líder da igreja e explicar para ele a situação. Então, você simplesmente começa todo o processo novamente a partir do primeiro passo.

## ▶ MINHA ORAÇÃO

> Querido Deus,
> Mostra-me como cuidar bem dos meus relacionamentos com outras pessoas. Quando eu tiver uma discordância, ajuda-me a lidar com isso corretamente. Amém.

## ▶ PAVIMENTANDO O CAMINHO

> Deus pode me ajudar a amar os outros mesmo quando isso não é fácil.

## ▶ PALAVRA FINAL

> *Felizes as pessoas que trabalham pela paz, pois Deus as tratará como seus filhos.* MATEUS 5:9

# 46. PROMESSA PODEROSA

## ▶ APRENDENDO DE **JESUS, A ROCHA**

> *Eu afirmo a vocês que isto é verdade: o que vocês proibirem na terra será proibido no céu, e o que permitirem na terra será permitido no céu. E afirmo a vocês que isto também é verdade: todas as vezes que dois de vocês que estão na terra pedirem a mesma coisa em oração, isso será feito pelo meu Pai, que está no céu. Porque, onde dois ou três estão juntos em meu nome, eu estou ali com eles.* MATEUS 18:18-20

Jesus faz uma promessa poderosa aos Seus discípulos. Essa é também uma promessa para nós, mas que será cumprida somente se estivermos unidos a Jesus. Em outras palavras, não podemos fazer isto por nós mesmos — o poder vem diretamente de Deus, e Jesus é o condutor. Para nós, imaginar que nossas palavras vão chegar diretamente ao Céu ou vamos receber o que pedimos em oração — sem estarmos unidos a Jesus — é o mesmo que a lâmpada de um abajur se gabar de iluminar uma sala sem estar conectada a uma tomada de energia elétrica.

Mas se permanecemos unidos a Jesus — orando, crendo nele, experimentando a Sua vida em nós — teremos este tipo de poder.

Seremos capazes de dizer e fazer coisas na Terra para as quais Jesus dará Seu selo de aprovação no Céu. Poderemos nos reunir com outros cristãos e orar pedindo a Deus que faça coisas miraculosas e teremos certeza de que Ele fará. Ele é Deus e sabe o que é melhor, então atenderá o que pedirmos no Seu tempo e à Sua maneira, mas certamente Ele agirá.

Talvez, a melhor parte desta promessa é Jesus nos assegurar de que quando estamos reunidos com outros cristãos (mesmo que seja com dois ou três apenas), e Ele é o maior propósito de estarmos juntos — se o objetivo de nos reunirmos for louvá-lo, orar, aprender mais sobre Ele ou estudar Sua Palavra — então Ele estará ali conosco. E quanto Jesus está conosco, podemos estar seguros de que Ele conduzirá nossas orações e nossas palavras. Teremos a experiência de ver Suas respostas às nossas orações por causa de nosso relacionamento com Ele.

## ▶ MINHA ORAÇÃO

*Querido Deus,*
*Obrigado por prometeres tanto poder para mim. Não me deixes esquecer que esse poder vem do Senhor e que eu preciso estar unido a Jesus para recebê-lo. Amém.*

## ▶ PAVIMENTANDO O CAMINHO

Milagres poderosos acontecem quando estou unido a Deus.

## ▶ PALAVRA FINAL

*Se o meu povo, que pertence somente a mim, se arrepender, abandonar os seus pecados e orar a mim, eu os ouvirei do céu, perdoarei os seus pecados e farei o país progredir de novo.* 2 CRÔNICAS 7:14

# 47. PERDOAR E PERDOAR

## ▶ APRENDENDO DE JESUS, A ROCHA

*...Você não deve perdoar sete vezes, mas setenta e sete vezes.* MATEUS 18:22

Talvez você já tenha ouvido estes números antes. Esta é a resposta de Jesus à pergunta de Pedro sobre quantas vezes deveríamos perdoar alguém. Pode ser que alguém tivesse ofendido Pedro e ele já estivesse cansado de perdoar aquela pessoa uma porção de vezes. Então, quando Pedro apresentou o número sete, provavelmente imaginava que ele havia sido generoso. Porém, Jesus foi além e multiplicou sete por 70, o que significa que você deve perdoar sempre — sem limites.

Para chegar até este ponto, Jesus contou uma parábola sobre um homem rico que emprestou uma enorme quantidade de dinheiro e agora tinha decidido que o queria de volta. Uma das dívidas que ele queria receber era a que envolvia muitos milhões de reais, mas o devedor estava simplesmente falido. Então, o homem rico disse que confiscaria todas as propriedades do caloteiro (casas e rebanhos) e o lançaria na prisão para devedores. Mas o sujeito falido se ajoelhou, implorou e suplicou, e o homem rico foi realmente misericordioso, perdoando aquela dívida enorme!

Então, este mesmo homem (que mal havia se livrado de sua dívida e da prisão) foi procurar um homem que lhe devia pouco mais do que o equivalente a 100 reais e o obrigou a pagar a dívida. E quando o pobre homem não conseguiu pagar tudo, o sujeito que havia sido perdoado (aquele que devia milhões) lançou seu devedor na prisão.

Você pode imaginar como o homem rico se sentiu quando soube desta história? Como este homem, cuja dívida de milhões de reais havia sido perdoada, se atrevia a ser tão rude e ganancioso a ponto de lançar alguém na prisão por causa de uma dívida tão pequena? Com isso, Jesus estava dizendo a Pedro como Deus se sente quando nos recusamos a perdoar os outros depois de termos sido perdoados tão generosamente pelo Senhor.

## ▶ MINHA ORAÇÃO

*Querido Deus,*
*Ajuda-me a lembrar do quanto o Senhor tem me perdoado, e ajuda-me a perdoar rapidamente (vez após outra) alguém que me ofendeu. Amém.*

## ▶ PAVIMENTANDO O CAMINHO

Por causa de Deus, não há limites para o perdão.

## ▶ PALAVRA FINAL

*Assim como o Senhor perdoou vocês, perdoem uns aos outros.* COLOSSENSES 3:13

# 48. O PROPÓSITO DO CASAMENTO

## ▶ APRENDENDO DE **JESUS, A ROCHA**

> Por acaso vocês não leram o trecho das Escrituras que diz: "No começo o Criador os fez homem e mulher"? E Deus disse: "Por isso o homem deixa o seu pai e a sua mãe para se unir com a sua mulher, e os dois se tornam uma só pessoa." Assim já não são duas pessoas, mas uma só. Portanto, que ninguém separe o que Deus uniu. MATEUS 19:4-6

Os fariseus tinham acabado de questionar Jesus sobre o divórcio. Como sempre, eles estavam tentando pegá-lo em uma armadilha envolvendo sua miscelânea de regras religiosas, provavelmente esperando constrangê-lo publicamente. No entanto, como de costume, Jesus não caiu na armadilha deles. Em vez disso, deu-lhe um curso de reciclagem rápida sobre o melhor plano de Deus para o casamento, citando um antigo texto bíblico que estes homens "instruídos" deveriam reconhecer.

É reconfortante ouvir Jesus lembrar a todos sobre aquilo que Deus realmente havia planejado para o casamento desde que o instituiu. E o plano era muito simples. Deus criou dois gêneros — macho e fêmea — que deveriam crescer até que tivessem a idade adequada para se sustentarem independentemente de seus pais. A partir desse ponto, o homem e a mulher deveriam se casar e se tornar "uma só carne". Eles não deveriam se unir apenas física e sexualmente, mas também emocional, mental, legal e socialmente. "Eles não mais são dois, mas apenas um." O foco está na ligação de duas pessoas, homem e mulher, para estabelecer algo duradouro.

Mas a chave verdadeira encontra-se na última frase: "Portanto, que ninguém separe o que Deus uniu". A palavra-chave é *Deus*. Para que um casamento passe no teste do tempo, Deus precisa ser parte da equação (um homem + uma mulher = casamento). Se Deus fizer parte do noivado e do casamento, e se o relacionamento for edificado sobre a sólida rocha divina (amor, perdão, honestidade, fidelidade), então nenhuma vontade humana será capaz de desfazer o casamento.

Por Deus ter tal respeito pelo casamento, Ele deseja que você tenha o mesmo respeito no relacionamento que você tem *antes* do casamento. Deus sabe que a forma como você lida com o seu namoro (para o bem ou para o mal), vai impactar seu casamento, e Ele quer que você tenha o melhor casamento possível. Assim, se você está namorando, por que não convidar Deus para estar com vocês? Afinal, de qualquer modo Ele já está sempre com vocês.

## ▶ MINHA ORAÇÃO

*Querido Deus,*
*Creio que minha vida e meu futuro estão em Tuas mãos. Se isso inclui o casamento, estou certo de que tu me conduzirás e me mostrarás o melhor. Amém.*

## ▶ PAVIMENTANDO O CAMINHO

Somente Deus pode planejar um casamento que perdurará.

## ▶ PALAVRA FINAL

*Pois Deus revelou a sua graça para dar a salvação a todos. Essa graça nos ensina a abandonarmos a descrença e as paixões mundanas e a vivermos neste mundo uma vida prudente, correta e dedicada a Deus.* TITO 2:11,12

# 49. CORAÇÃO ENDURECIDO

## ▶ APRENDENDO DE **JESUS, A ROCHA**

*Moisés deu essa permissão por causa da dureza do coração de vocês; mas no princípio da criação não era assim. Portanto, eu afirmo a vocês o seguinte: o homem que mandar a sua esposa embora, a não ser em caso de adultério, se tornará adúltero se casar com outra mulher.*
MATEUS 19:8,9

Os fariseus não deixaram Jesus em paz depois do curso de reciclagem sobre o casamento. Eles voltaram, exigindo saber por que Moisés permitiu divórcios legais tantos anos antes, se o casamento tinha sido estabelecido por Deus. O plano deles era armar uma armadilha para Jesus, mas Ele reverteu o assunto contra eles mesmos ao mostrar-lhes o que realmente pensavam.

Jesus estava ciente da tendência dos líderes religiosos em usar a antiga lei do divórcio como desculpa para abandonar uma esposa não desejada. Era apenas mais uma das sórdidas lacunas legais que eles usavam para conseguir aquilo que desejavam (neste caso, provavelmente uma jovem e bonita esposa). Consequentemente, Jesus dirigiu Sua resposta diretamente aos fariseus, dizendo-lhes que a razão para se divorciarem era o coração endurecido deles, e que o divórcio era uma opção somente nos casos em que a esposa fosse infiel. E mesmo nesse caso, Ele advertiu, um novo casamento seria considerado adultério.

Naturalmente não era isso o que os fariseus queriam ouvir. Provavelmente, ficaram loucos de raiva. Jesus os colocou contra a parede quando disse que eles tinham um coração endurecido. Era, de fato, a dureza do coração hipócrita deles que prejudicava não apenas seus casamentos, mas tudo o que eles tocavam. Isso os levou a ter inveja de Jesus, e, infelizmente, cegou seus olhos para o fato de que o Deus, a quem eles supostamente serviam estava fazendo algo maravilhoso, bem na frente deles.

O coração algumas vezes se torna endurecido quando nossos planos não estão de acordo com os planos de Deus. É por isso que o Senhor nos convida a nos relacionarmos com Ele, para que nossos planos se alinhem aos dele e nosso coração possa permanecer moldável.

## ▶ MINHA ORAÇÃO

*Querido Deus,*
*Sei que ter o coração endurecido é como estar cego e cair de cara no chão. Por favor, não permitas que eu endureça meu coração para ti. Amém.*

## ▶ PAVIMENTANDO O CAMINHO

Confiarei no perfeito plano de Deus para minha vida.

## ▶ PALAVRA FINAL

*Quando alguém for tentado, não diga: "Esta tentação vem de Deus." Pois Deus não pode ser tentado pelo mal e ele mesmo não tenta ninguém.* TIAGO 1:13

# 50. PERMANECENDO SOLTEIRO

## ▶ APRENDENDO DE **JESUS, A ROCHA**

> *Este ensinamento não é para todos, mas somente para aqueles a quem Deus o tem dado. Pois há razões diferentes que tornam alguns homens incapazes para o casamento: uns, porque nasceram assim; outros, porque foram castrados; e outros ainda não casam por causa do Reino do Céu. Quem puder, que aceite este ensinamento.* MATEUS 19:11,12

Depois de Jesus ter respondido aos fariseus sobre o divórcio, Seus discípulos ficaram muito preocupados e disseram: "Se é esta a situação entre o homem e a sua esposa, então é melhor não casar" (v.10). Você quase pode ouvir suas vozes cheias de medo. Não é de se admirar, pois os discípulos (que vinham de origens e de lares diversos) começaram a imaginar que sua vida teria de mudar como resultado de seguir a Jesus. Muitos deles eram solteiros, e alguns eram casados, mas estavam longe da esposa. Discípulos como Pedro, à luz do seu chamado para o ministério, poderia estar questionando a praticidade do casamento em geral.

De forma gentil, mas honesta, Jesus lhes respondeu, dizendo que algumas pessoas *têm* o dom de permanecer solteiras, e isto parecia estar de acordo com o que os discípulos haviam sugerido. Ao mesmo tempo Ele disse que algumas pessoas não se casam por causa do seu estilo de vida, enquanto outros ficam solteiros em razão de sua fé. Obviamente, com base em outros de Seus ensinos, Jesus acreditava que para muitos era melhor se casar.

Basicamente, Jesus estava dizendo que para cada situação haverá um caminho diferente. Cada um de nós deve procurar saber qual é o melhor plano de Deus para nós. Não deveríamos dizer para alguém como ele ou ela deve viver sua vida. Jesus naturalmente sabia que a Igreja Cristã Primitiva teria início após Sua morte e ressurreição, e devia saber que o casamento seria uma das questões com as quais eles iriam lidar. Mesmo assim, Jesus não estava criando uma lei — esse não era Seu objetivo. Ele simplesmente falou a verdade, sugerindo que cada um de nós deveria procurar descobrir o que seria melhor para nós — ficar solteiro ou se casar. Isto é algo entre nós e Deus.

## ▶ MINHA ORAÇÃO

*Querido Deus,*
*Não importa se desejas que eu permaneça solteiro ou me case algum dia, quero ser aquilo que está em Teu coração para mim. Mostra-me, por favor, Tua perfeita vontade para minha vida. Amém.*

## ▶ PAVIMENTANDO O CAMINHO

Deus irá me guiar no caminho que Ele escolheu para mim.

## ▶ PALAVRA FINAL

*[Você] tem seguido também a minha fé, a minha paciência, o meu amor, a minha perseverança.* 2 TIMÓTEO 3:10

# 51. NÃO O SUFICIENTE

## ▶ APRENDENDO DE **JESUS, A ROCHA**

*Certa vez um homem chegou perto de Jesus e perguntou:*
*— Mestre, o que devo fazer de bom para conseguir a vida eterna?*
*Jesus respondeu: — Por que é que você está me perguntando a respeito do que é bom? Bom só existe um. Se você quer entrar na vida eterna, guarde os mandamentos.*
*— Que mandamentos? — perguntou ele.*
*Jesus respondeu:*
*— "Não mate, não cometa adultério, não roube, não dê falso testemunho contra ninguém, respeite o seu pai e a sua mãe e ame os outros como você ama a você mesmo."*
*— Eu tenho obedecido a todos esses mandamentos! — respondeu o moço. — O que mais me falta fazer?*
*Jesus respondeu:*
*— Se você quer ser perfeito, vá, venda tudo o que tem, e dê o dinheiro aos pobres, e assim você terá riquezas no céu. Depois venha e me siga.*
*Quando o moço ouviu isso, foi embora triste, pois era muito rico.* MATEUS 19:16-22

Este texto das Escrituras começa com expressões de esperança. Um jovem se aproxima de Jesus pedindo conselhos sobre como receber a vida eterna. No entanto, esse jovem confiante parecia ter uma motivação oculta que, naturalmente Jesus podia ver e expor. Na verdade, desde o começo, Jesus o questionou: "Por que você não vai diretamente a Deus? Ele é bom e vai dizer a você o que deve fazer". Mas o rapaz queria algo mais específico. Jesus mencionou alguns mandamentos e então esperou uma resposta do moço. O jovem persistente logo anunciou que tudo isso ele já praticava e perguntou o que mais deveria fazer.

Imagine Jesus naquele momento. Será que Ele teve alguma esperança ou já sabia o que aconteceria? Qualquer que fosse o caso, Ele apresentou ao homem a grande questão — Ele estaria disposto a desistir de tudo o que possuía? Poderia vender todos os seus bens, dar o dinheiro aos pobres e seguir Jesus? Infelizmente a resposta foi não. A razão? Este jovem era muito rico — tinha muitas posses e não estava disposto a reparti-las com ninguém. Nem mesmo com Jesus.

Se ao menos ele soubesse do que estava abrindo mão… ou talvez soubesse, e por isso foi embora triste. Ele rejeitou o tesouro eterno que só aumentaria em valor, a fim de assegurar suas inúteis "riquezas" terrenas.

Deus deseja que entendamos e apreciemos a diferença entre as coisas que este mundo valoriza (como dinheiro, carros, roupas de marca), e o que Ele oferece (vida plena, amor eterno e paz permanente). Ele deseja que escolhamos o que é mais valioso e que permaneçamos firmes nessa escolha.

### ▶ MINHA ORAÇÃO

*Querido Deus,*
*Não desejo me apegar a coisas que me impeçam de servir-te. Por favor, desperta-me para aquilo que realmente tem valor. Amém.*

### ▶ PAVIMENTANDO O CAMINHO

O melhor que posso fazer é seguir a Deus.

### ▶ PALAVRA FINAL

*Prestem atenção! Tenham cuidado com todo tipo de avareza porque a verdadeira vida de uma pessoa não depende das coisas que ela tem, mesmo que sejam muitas.*
LUCAS 12:15

# 52. PEDRA DE TROPEÇO

## ▶ APRENDENDO DE **JESUS, A ROCHA**

*Jesus então disse aos discípulos:*
*— Eu afirmo a vocês que isto é verdade: é muito difícil um rico entrar no Reino do Céu. E digo ainda que é mais difícil um rico entrar no Reino de Deus do que um camelo passar pelo fundo de uma agulha.* MATEUS 19:23,24

A maioria das pessoas ficou coçando a cabeça ao pensar na imagem de um camelo passando pelo buraco de uma agulha. Parecia uma coisa maluca. Mas poderia ser que Jesus estivesse realmente descrevendo uma entrada em particular no muro que cercava Jerusalém.

Parece que, por razões de segurança, a única maneira de se entrar na cidade à noite era através de uma desconfortável passagem projetada para evitar invasões inimigas. Essa entrada era mais parecida com um grande buraco no muro, largo o suficiente apenas para um único indivíduo passar por vez. Talvez um pequeno jumento, bem treinado — se não estivesse repleto de cargas — poderia ser convencido a atravessar por essa abertura. Mas um camelo... era uma ideia absurda.

Tenha em mente que camelos eram geralmente o transporte de pessoas muito ricas (como membros da realeza ou mercadores), e geralmente estavam carregados com mercadorias muito valiosas. Mesmo que fosse possível convencer um camelo grande, desajeitado e mal-humorado a atravessar por essa passagem (e isso já era muita coisa), seu dono ainda teria que descarregar suas valiosas mercadorias, deixando-as naquele caminho escuro onde bandidos poderiam estar espreitando. Então imagine a frustração desse homem rico em ficar empurrando ou puxando seu camelo através dessa abertura apertada. E se o camelo ficasse preso ali?

E seria somente isto? Jesus estava dizendo que as riquezas (dinheiro e bens materiais) podem se tornar uma pedra de tropeço para qualquer pessoa. Aquilo que você ama pode se tornar seu dono. Se você ama as coisas materiais mais do que a Jesus, você irá servir essas coisas mais do que servirá a Jesus. A quem você prefere entregar sua vida?

## ▶ MINHA ORAÇÃO

*Querido Deus,*
*Ajuda-me a dar-te prioridade em minha vida. Se os bens materiais puderem alguma vez me desviar de amar-te, por favor, dá-me forças para deixá-las de lado. Amém.*

## ▶ PAVIMENTANDO O CAMINHO

Eu escolho amar a Deus sobre todas as coisas.

## ▶ PALAVRA FINAL

*Não se deixem dominar pelo amor ao dinheiro e fiquem satisfeitos com o que vocês têm, pois Deus disse: "Eu nunca os deixarei e jamais os abandonarei."* HEBREUS 13:5

# 53. IMPOSSIBILIDADES POSSÍVEIS

## ▶ APRENDENDO DE **JESUS, A ROCHA**

> *Para os seres humanos isso não é possível; mas, para Deus, tudo é possível.* MATEUS 19:26

Esta é uma promessa à qual você deve se apegar — e quem sabe, memorizar para momentos em que precise de uma boa dose de encorajamento — quando estiver enfrentando algum desafio que parece impossível de ser alcançado. E certamente você terá de enfrentar uma porção de desafios impossíveis se estiver buscando viver de acordo com sua fé — é assim que as coisas funcionam. Mas se estiver tentando fazer as coisas por sua própria conta, *sem* a ajuda de Deus, tudo se tornará irremediavelmente impossível. Qualquer tentativa de viver como cristão sem a ajuda de Deus não é algo só inútil, é patético — para não dizer, tolo.

Imagine que você é um bom jogador de basquete (talvez seja mesmo), e seu grande sonho é se tornar um grande craque. Mas, por alguma razão, você tenta alcançar esse objetivo permanecendo em seu quarto. Talvez jogue basquete num jogo de computador ou mantenha um velho lançador de bola de basquete e um aro preso no cesto de roupa suja. Você fica nesse cômodo gastando horas e horas fazendo lançamentos, mas suas jogadas não melhoram. Então, imagine (bem, isto requer uma enorme fantasia) que seu sobrenome seja Jordan e o nome de seu pai seja Michael. Acontece que ele é uma estrela aposentada da NBA e está esperando para jogar com você, mas você está muito ocupado "praticando" no seu quarto para ir ao grande ginásio coberto com tabelas de basquete verdadeiras e fazer lançamentos com seu pai. Entendeu?

É um exemplo de como seria estúpido para você seguir na caminhada cristã sem a ajuda de Deus. Isso é humanamente impossível, mas com Deus, todas as coisas são possíveis. Ele está bem perto de você, sempre pronto e esperando para ajudar no que você precisa.

## ▶ MINHA ORAÇÃO

*Querido Deus,*
*Ajuda-me a não ficar desanimado quando as coisas parecerem impossíveis, mas que eu te procure para me ajudares. Todas as coisas são possíveis contigo. Amém.*

## ▶ PAVIMENTANDO O CAMINHO

Preciso que Deus realize o impossível.

## ▶ PALAVRA FINAL

*Guardemos firmemente a esperança da fé que professamos, pois podemos confiar que Deus cumprirá as suas promessas.* HEBREUS 10:23

# 54. GRANDES BENEFÍCIOS

▶ APRENDENDO DE **JESUS, A ROCHA**

> *Eu afirmo a vocês que isto é verdade: quando chegar o tempo em que Deus vai renovar tudo e o Filho do Homem se sentar no seu trono glorioso, vocês, os meus discípulos, também vão sentar-se em doze tronos para julgar as doze tribos do povo de Israel. E todos os que, por minha causa, deixarem casas, irmãos, irmãs, pai, mãe, filhos ou terras receberão cem vezes mais e também a vida eterna. Muitos que agora são os primeiros serão os últimos, e muitos que agora são os últimos serão os primeiros.* MATEUS 19:28-30

Os discípulos de Jesus haviam praticamente desistido de tudo para seguir a Jesus. Deixaram suas famílias, trabalho e casas para estar com o Mestre, aprender com Ele e ajudá-lo em Seu ministério. Neste ponto, eles poderiam estar pensando se realmente tinha valido a pena tudo o que haviam sacrificado em prol dessa causa. Na verdade, eles estavam querendo saber de Jesus exatamente o que receberiam por tudo isso?

Esta promessa foi a resposta de Jesus aos Seus discípulos. Mas também se estende a todos os cristãos que viriam depois deles, que amariam a Deus a ponto de o colocarem no lugar mais importante em seu coração — em essência, desistindo de tudo para servi-lo.

A promessa de tudo o que você deixar por amor a Jesus retornará cem vezes mais para você — e isto sem contar a promessa da vida eterna que vale mais de um milhão de vezes. Em outras palavras, Ele está dizendo que você nunca se arrependerá de segui-lo. Claro que haverá ocasiões em que a vida será difícil ou terá de enfrentar desafios, mas estando firme com Deus, seus esforços sempre valerão a pena. Ele promete que o fato de você entregar tudo será recompensado muitas vezes mais — não necessariamente em sua vida aqui na Terra, embora ter a presença de Deus diariamente em sua vida será tão incrível que só isso já é melhor do que qualquer outra coisa. Mas Jesus promete que a vida eterna será tão fantástica que sua mente humana não pode sequer começar a compreender o que ela significa.

## ▶ MINHA ORAÇÃO

*Querido Deus,*
*Obrigado por tudo o que tens feito por mim. Não me deixes esquecer que tudo o que estou entregando agora não é somente do meu interesse, mas será recompensado mais e mais por toda a eternidade. Amém.*

## ▶ PAVIMENTANDO O CAMINHO

Eu jamais poderei dar mais do que Deus.

## ▶ PALAVRA FINAL

*Deem aos outros, e Deus dará a vocês. Ele será generoso, e as bênçãos que ele lhes dará serão tantas, que vocês não poderão segurá-las nas suas mãos. A mesma medida que vocês usarem para medir os outros Deus usará para medir vocês.* LUCAS 6:38

# 55. OS PRIMEIROS E OS ÚLTIMOS

## ▶ APRENDENDO DE **JESUS, A ROCHA**

> *O Reino do Céu é como o dono de uma plantação de uvas que saiu de manhã bem cedo para contratar trabalhadores para a sua plantação. Ele combinou com eles o salário de costume, isto é, uma moeda de prata por dia, e mandou que fossem trabalhar na sua plantação. Às nove horas, saiu outra vez, foi até a praça do mercado e viu ali alguns homens que não estavam fazendo nada. Então disse: "Vão vocês também trabalhar na minha plantação de uvas, e eu pagarei o que for justo." — E eles foram. Ao meio-dia e às três horas da tarde o dono da plantação fez a mesma coisa com outros trabalhadores. Aí o dono disse a um deles: "Escute, amigo! Eu não fui injusto com você. Você não concordou em trabalhar o dia todo por uma moeda de prata? Pegue o seu pagamento e vá embora. Pois eu quero dar a este homem, que foi contratado por último, o mesmo que dei a você. Por acaso não tenho o direito de fazer o que quero com o meu próprio dinheiro? Ou você está com inveja somente porque fui bom para ele?"* MATEUS 20:1-5,13-15

Esta parábola confunde e frustra muita gente, provavelmente porque ela contraria tudo o que nossa cultura tem ensinado sobre a ética no trabalho. Concordamos com um salário honesto recebido por um dia de trabalho, mas esta parábola está dizendo algo completamente diferente. Em resumo, alguns trabalharam apenas uma hora, enquanto outros se esforçaram arduamente o dia inteiro, e todos receberam exatamente o mesmo valor como pagamento.

Assim, imagine que você está desesperado à procura de trabalho. Os tempos são difíceis, as crianças estão famintas e você está a ponto de perder sua casa. Você está querendo fazer alguma coisa para ganhar dinheiro. Sente uma pontinha de ciúmes vendo outros trabalhando. Por que não podia ser você?

O dia está quase acabando, seu estômago está roncando, e você sabe que seus filhos também estão com fome. Então, para sua surpresa, o encarregado do campo lhe oferece um trabalho — e você receberá o salário de um dia inteiro! Você mal pode acreditar, se lança ao trabalho com todo o seu empenho até o pôr do sol e fica tão agradecido que gostaria de ter trabalhado mais tempo.

Jesus apresenta esta parábola para mostrar como o povo leva sua vida terrena. Alguns irão gastar toda a sua vida procurando saber mais, amar, e servir aos semelhantes. Outros gastarão a maior parte de sua vida lutando para sobreviver, cometendo erros, e sentindo-se espiritualmente perdidos. Porém, ao encontrarem o caminho do relacionamento com Deus, seja ainda jovem ou quase no final de sua vida, eles receberão a mesma recompensa — a vida eterna! Por que alguém ficaria ressentido com isso? Não deveríamos nos alegrar por aqueles que recebem a vida eterna?

### ▶ MINHA ORAÇÃO

*Querido Deus,*
*Sou muito grato por ter te encontrado, enquanto ainda sou jovem. Ajuda-me a ser gracioso para com alguém que leve mais tempo para encontrar o Senhor. Amém.*

### ▶ PAVIMENTANDO O CAMINHO

Eu não questionarei a generosidade de Deus para com os outros.

### ▶ PALAVRA FINAL

*Assim, aqueles que são os primeiros serão os últimos, e os últimos serão os primeiros.* MATEUS 20:16.

# 56. EM DIREÇÃO À CRUZ

## ▶ APRENDENDO DE **JESUS, A ROCHA**

> *Escutem! Nós estamos indo para Jerusalém, onde o Filho do Homem será entregue aos chefes dos sacerdotes e aos mestres da Lei. Eles o condenarão à morte e o entregarão aos não judeus. Estes vão zombar dele, bater nele e crucificá-lo; mas no terceiro dia ele será ressuscitado.*
> MATEUS 20:18,19

Novamente Jesus estava predizendo Sua morte. Só que desta vez, estava sendo mais específico nos detalhes. Jesus e Seus discípulos estavam a caminho de Jerusalém quando Ele fez esta revelação. Cristo lhes falou em particular porque não era o tempo certo para que outros mais o ouvissem. É interessante que não podemos ouvir ou sentir qualquer reação a este anúncio. Talvez, eles estivessem quietos, tentando processar o que Jesus estava dizendo. Ou, quem sabe, ainda estavam incrédulos, imaginando como tudo isso poderia acontecer. Pode ser que estivessem em estado de choque, tendo esperança que Jesus estivesse enganado sobre isso. Qualquer que fosse o caso, nenhum tipo de conversa foi registrado para mostrar a reação deles.

Qual seria sua reação se estivesse ali naquele dia? Como você se sentiria ao ouvir Jesus dizendo tais coisas? Primeiro, que Ele estava indo para ser entregue aos líderes religiosos hipócritas que ninguém apreciava nem respeitava? Quem iria entregá-lo? Depois Ele seria condenado à morte? Por que razão? E Ele seria ridicularizado por estrangeiros? Como isso poderia acontecer?

Mas a situação ficaria ainda mais sombria —Jesus seria espancado e pregado numa cruz? Essa era a forma como os criminosos eram executados. Você poderia ao menos imaginar isso? E, finalmente, após três dias, Ele retornaria à vida? Como isso seria possível?

Talvez você também ficasse em silêncio, ao tentar fazer sua cabeça entender toda essa informação sombria, esperando que nada disso acontecesse. Mas como você se sente agora, sabendo que tudo realmente aconteceu? Tudo ocorreu do jeito que Jesus havia predito. E aconteceu assim para que Deus pudesse estender Seu amor e Seu perdão a todos, incluindo você. Como você reage a isso?

## ▶ MINHA ORAÇÃO

*Querido Deus,*
*Obrigado por enviares Jesus à Terra e pela disposição dele em morrer para que eu pudesse ter a vida eterna. Jamais quero considerar essa dádiva como algo que mereço. Amém.*

## ▶ PAVIMENTANDO O CAMINHO

Eu sou muito grato porque Jesus morreu na cruz por mim.

## ▶ PALAVRA FINAL

*Porque Deus amou o mundo tanto, que deu o seu único Filho, para que todo aquele que nele crer não morra, mas tenha a vida eterna.* JOÃO 3:16

# 57. QUEM ESTÁ NO TOPO?

## ▶ APRENDENDO DE **JESUS, A ROCHA**

> Como vocês sabem, os governadores dos povos pagãos têm autoridade sobre eles, e os poderosos mandam neles. Mas entre vocês não pode ser assim. Pelo contrário, quem quiser ser importante, que sirva os outros, e quem quiser ser o primeiro, que seja o escravo de vocês. Porque até o Filho do Homem não veio para ser servido, mas para servir e dar a sua vida para salvar muita gente. MATEUS 20:25-28

Jesus diz um monte de coisas difíceis de entender, pelo menos, a princípio. Muitas vezes parece que Ele está indo em uma direção completamente diferente. Ou quem sabe, vindo do Céu. Mas nesta parte, Ele diz a Seus discípulos (e a todos os que iriam segui-lo no futuro) que Sua forma de conceituar liderança é exatamente oposta ao modo como o mundo a considera.

Pense um pouco — se as pessoas querem alcançar uma posição de liderança, elas procuram se tornar conhecidas. Muitas vezes, gastam dinheiro para isso, buscando votos. Elas se juntam a pessoas "importantes". Procuram ter suas fotos nos noticiários, e buscam conseguir recursos nos lugares luxuosos que somente os ricos frequentam. Fazem isso descaradamente e às vezes de forma desagradável.

Jesus diz que se você quer realmente ser líder, você deve agir como servo. Um servo é aquele que toma conta dos outros, que limpa a bagunça que outros fizeram, que coloca as necessidades dos outros até acima de suas próprias necessidades. Não é um trabalho glamoroso. Ainda menos glamorosa é a vida de um escravo. Mas Jesus diz que se realmente você quiser estar na liderança, você precisa se tornar um servo. O servo nem pode dizer que é dono de sua própria vida. Ele está ali para servir alguém mais. As necessidades de seu senhor e de todos os demais estão acima das dele próprio.

Quando você pensa sobre isso, foi exatamente o que Jesus fez. Deixou Seu reino no Céu e veio à Terra para cuidar de nós, colocar nossas necessidades acima das Suas… e realmente ser pregado à cruz, o que pode parecer ir ao fundo do poço para alguns. Porém, agora Ele governa e reina com Deus no Céu para sempre — do fundo do poço para a mais elevada posição. E deseja que nós o imitemos, humilhando-nos e desejando servir como Ele o fez — dessa forma Ele é o único que pode nos exaltar.

## ▶ MINHA ORAÇÃO

*Querido Deus,*
*Ajuda-me a ver o valor de ser um servo. Mostra-me como posso colocar as necessidades dos outros acima das minhas. Torna-me mais semelhante ti. Amém.*

## ▶ PAVIMENTANDO O CAMINHO

Jesus pode me ensinar como ser servo.

## ▶ PALAVRA FINAL

*Que cada um dê a sua oferta conforme resolveu no seu coração, não com tristeza nem por obrigação, pois Deus ama quem dá com alegria.* 2 CORÍNTIOS 9:7

# 58. DESTINO SELADO

## ▶ APRENDENDO DE **JESUS, A ROCHA**

> *Eu vou ficar com vocês só mais um pouco e depois irei para aquele que me enviou. Vocês vão me procurar e não vão me achar, pois não podem ir para onde eu vou.* JOÃO 7:33,34

Jesus estava no Templo quando fez este anúncio. Ele falou bem alto para que todos ouvissem, mas estava se dirigindo aos líderes religiosos que o haviam confrontado e agora estavam tentando prendê-lo. Naturalmente, Suas palavras deixaram confusos esses homens bem "educados". Eles só podiam estar imaginando que Jesus estava criando algum tipo de história misteriosa para derrubá-los. Eles também começaram a se preocupar com a possibilidade de Jesus levar Seus ensinos para outros lugares, talvez, para judeus que moravam em outros países. Isso era um grande problema para eles. O que seria se Seu ministério se expandisse? E se Ele influenciasse os judeus a abandonar sua religião por Sua heresia? No entanto, havia outras pessoas no Templo que ficaram cada vez mais interessadas em Jesus. Tinham visto alguns de Seus milagres, ouvido Seus ensinos e se perguntavam se este homem não poderia verdadeiramente ser o Messias. Claro que isto fez com que os líderes ficassem mais temerosos e enciumados, e isto levou-os na direção do capítulo final da vida terrena de Jesus.

Parecia bastante óbvio o que Jesus estava falando a estes líderes religiosos. Ele lhes disse que estava voltando para aquele que o enviara — Seu Pai. Já lhes dissera que eles não conheciam Seu Pai. Agora estava dizendo que eles não conseguiriam encontrá-lo depois que Ele se partisse. Além disso, não poderiam ir para onde Ele estava indo — simplesmente porque se recusaram a crer que Jesus é o Filho de Deus. Aquelas pessoas rejeitaram Jesus, e como resultado disso, rejeitaram o próprio Deus, a quem pensavam estar servindo. Estavam selando seu próprio destino espiritual.

No entanto, Jesus tem se revelado a você, pois você sabe porque Ele veio à Terra, o que Ele fez, e para onde Ele foi. Ele deseja que você creia nele para que um dia possa encontrá-lo no Céu. Onde os incrédulos selaram seu destino por rejeitar Jesus, você pode selar seu destino ao crer nele.

## ▶ MINHA ORAÇÃO

*Querido Deus,*
*Não quero jamais ser como os fariseus, rejeitando ao Senhor e Àquele a quem enviaste. Obrigado por selares meu destino contigo, para que eu possa encontrar-te no Céu.*
*Amém.*

## ▶ PAVIMENTANDO O CAMINHO

Eu serei bem-vindo no Céu por causa do meu relacionamento com Jesus.

## ▶ PALAVRA FINAL

*E o que o próprio Cristo prometeu dar a todos nós foi isto: a vida eterna.* 1 JOÃO 2:25

# 59. SACIANDO A SEDE

## ▶ APRENDENDO DE **JESUS, A ROCHA**

> *Se alguém tem sede, venha a mim e beba. Como dizem as Escrituras Sagradas: "Rios de água viva vão jorrar do coração de quem crê em mim".* JOÃO 7:37

Jesus fez esta declaração em voz alta, na presença das multidões que haviam chegado a Jerusalém para celebrar a Festa dos Tabernáculos (celebração da colheita). Suas palavras atraíram a atenção do povo porque Ele estava citando as palavras de um profeta que havia predito a vinda do Messias. De repente, o povo pareceu entender. As pessoas ficaram entusiasmadas, pensando em Jesus como o verdadeiro Messias! Ó, quanto tempo haviam esperado o Messias. Eles tinham tanta sede por Ele quanto uma pessoa perdida no deserto. Então passaram a crer que Jesus seria aquele que poderia livrá-los dos seus opressores (principalmente do governo romano que estava dominando seu país). Eles estavam em êxtase.

Outros se mantinham cautelosos. Não que eles não estivessem com desejo de receber o Messias, e talvez tivessem um pouco de sede. Mas entre si, questionavam a ousada afirmação de Jesus. Eles pensavam em coisas duvidosas como "Como Jesus poderia ser o Messias se Ele vinha da Galileia" e "não seria o Messias da linhagem de Davi", ou ainda, "assim como o rei Davi, o Messias deveria nascer em Belém". Logo as pessoas estavam discutindo. Pena que não tivessem feito a lição de casa, pois então teriam descoberto que Jesus era descendente de Davi e havia nascido em Belém. Em vez disso, confiaram em suas próprias opiniões, demonstrando total desinformação.

Quando a discussão começou a se tornar mais intensa, os líderes religiosos passaram a ficar mais inquietos e preocupados. Eles não tinham absolutamente sede alguma pela verdade ou por Jesus. A única coisa que pensavam era: *Como podemos calar Jesus?* Eles queriam prendê-lo, mas ainda não era o tempo determinado para isso. Embora, a cada dia, Sua crucificação ficava mais próxima, ainda havia muito trabalho que precisava ser feito. Ele sabia que o povo tinha sede, ficava mais sedento a cada dia e queria dar ao povo da água viva tanto quanto fosse possível no tempo que ainda lhe restava de ministério terreno.

De igual forma Jesus deseja saciar a sua sede. Ele deseja que você saiba que somente Seu amor e Sua verdade podem realmente trazer alívio a sua alma sedenta.

## ▶ MINHA ORAÇÃO

*Querido Deus,*
*Algumas vezes há um desejo dentro de mim, mas não percebo que isso é sede pelo Senhor. Que eu possa me lembrar de que tu és a água viva e que quando me achego à Tua presença, sou saciado. Amém.*

## ▶ PAVIMENTANDO O CAMINHO

Jesus é o único que pode saciar a sede da minha alma.

## ▶ PALAVRA FINAL

*Ouvi uma voz forte que vinha do trono, a qual disse: — Agora a morada de Deus está entre os seres humanos! Deus vai morar com eles, e eles serão os povos dele. O próprio Deus estará com eles e será o Deus deles.* APOCALIPSE 21:3

# 60. ATIRANDO PEDRAS

## ▶ APRENDENDO DE **JESUS, A ROCHA**

*Como eles continuaram a fazer a mesma pergunta, Jesus endireitou o corpo e disse a eles:*

*— Quem de vocês estiver sem pecado, que seja o primeiro a atirar uma pedra nesta mulher!*

*Depois abaixou-se outra vez e continuou a escrever no chão. Quando ouviram isso, todos foram embora, um por um, começando pelos mais velhos. Ficaram só Jesus e a mulher, e ela continuou ali, de pé. Então Jesus endireitou o corpo e disse:*

*— Mulher, onde estão eles? Não ficou ninguém para condenar você?*

*— Ninguém, senhor! — respondeu ela.*

*Jesus disse: — Pois eu também não condeno você. Vá e não peque mais!* JOÃO 8:7-11

Os líderes religiosos partiram para o ataque mais uma vez, e agora pensavam que estavam colocando Jesus contra a parede. Eles tinham encontrado uma mulher no ato de adultério, empurraram-na até o lugar onde Jesus estava e a atiraram a Seus pés, na frente da multidão.

Os fariseus sabiam que a lei judaica requeria que esta mulher fosse apedrejada até a morte. Também sabiam que Jesus ensinava o perdão. Mas como Ele poderia quebrar a lei perdoando uma mulher cuja culpa era tão óbvia? Como para estes homens eram um caso decidido, perguntaram a Ele: "Mas o senhor, o que é que diz sobre isso?" (v.5).

Jesus se encurvou e começou a escrever com o dedo na areia. Os acusadores continuaram insistindo, exigindo que a mulher fosse apedrejada. Então, Ele se levantou e disse aquelas palavras inesquecíveis: "Quem de vocês estiver sem pecado, que seja o primeiro a atirar uma pedra nesta mulher!" (v.7). Novamente Ele se abaixou e continuou escrevendo, enquanto um por um dos acusadores foi saindo de fininho. Nenhuma pedra foi atirada. Afinal de contas, quem é que não tinha pecado? Ele não apontou o dedo para ninguém. Ele apenas confirmou Seu argumento. Todos têm pecado.

Sendo assim, o que daria o direito a uma pessoa de condenar outra? Jesus não condenou ninguém. Apenas disse à mulher que deixasse sua vida de pecado para trás. Que lição isso nos traz — se dispor a admitir que o pecado de fato existe, mas sem condenar ninguém por ser um pecador. E se você pensar melhor, bem na hora em que parece mais inquieto para lançar uma acusação contra alguém — não parece o momento exato em que a última coisa que iria querer era alguém acusando você?

## ▶ MINHA ORAÇÃO

*Querido Deus,*
*Lembra-me sempre de que não é minha tarefa apontar o dedo para os erros dos outros. Que eu possa imitar a forma como tu amas e perdoas as pessoas. Amém.*

## ▶ PAVIMENTANDO O CAMINHO

Quero lidar com minhas faltas em vez de ficar apontando as falhas dos outros.

## ▶ PALAVRA FINAL

*Deus é o único que faz as leis e o único juiz. Só ele pode salvar ou destruir. Quem você pensa que é, para julgar os outros?* TIAGO 4:12

# 61. A LUZ DA VIDA

### ▶ APRENDENDO DE **JESUS, A ROCHA**

*Eu sou a luz do mundo; quem me segue nunca andará na escuridão, mas terá a luz da vida.* JOÃO 8:12

As pessoas são naturalmente atraídas para a luz. Seja pelo brilho do sol numa praia tropical, pelo brilho das estrelas numa noite escura, ou ainda pelo crepitar de uma fogueira, somos atraídos pela luz. Ela oferece calor, conforto e iluminação. Sem a luz, este mundo seria um lugar frio e escuro e rapidamente deixaria de existir.

A luz de Jesus não é diferente. É também uma fonte de calor, conforto e iluminação. Sem Sua luz, nosso coração se tornaria frio, nosso espírito ficaria inquieto e nem sequer saberíamos para onde estamos indo, de modo que acabaríamos tropeçando por aí. Apesar de tudo isso, parece que algumas vezes estamos nos escondendo da luz de Jesus. Talvez seja na forma de óculos escuros espirituais, que de certa maneira diminuem a luminosidade de modo que não temos como ver o pecado em determinadas áreas de nossa vida que requerem atenção. Ou, quem sabe, seja em forma de um interruptor que diminui a luz, fazendo este quarto escuro sujo se parecer mais atraente. Todo mundo tem um jeito de manter a luz de Jesus à distância.

O que acontece quando você vive continuamente numa condição de privação de luz? Em sua vida física, uma porção de coisas podem ocorrer com a ausência da luz solar — a deterioração dos ossos, invasão de germes e bactérias, ou uma depressão sombria que surge sempre na mesma época do ano, manifestada na forma de transtorno afetivo sazonal. Sua vida espiritual não é diferente. Então, se você deseja se manter saudável e feliz, mergulhe na luz de Jesus. Se você não quer tropeçar e cair, permita que a luz de Jesus ilumine seu caminho. Deixe Sua luz brilhar!

## ▶ MINHA ORAÇÃO

*Querido Deus,
Por favor, brilha em mim. Sei que preciso de Tua luz para encontrar meu caminho e ser saudável e feliz. Ensina-me como receber sempre a Tua luz. Amém.*

## ▶ PAVIMENTANDO O CAMINHO

A luz de Deus traz vida.

## ▶ PALAVRA FINAL

*Mas vocês são a raça escolhida, os sacerdotes do Rei, a nação completamente dedicada a Deus, o povo que pertence a ele. Vocês foram escolhidos para anunciar os atos poderosos de Deus, que os chamou da escuridão para a sua maravilhosa luz.* 1 PEDRO 2:9

# 62. MENTES TERRENAS

## ▶ APRENDENDO DE **JESUS, A ROCHA**

> *Embora eu esteja falando a favor de mim mesmo, o que digo tem valor porque é a verdade. Pois eu sei de onde vim e para onde vou, mas vocês não sabem de onde vim, nem para onde vou. Vocês julgam de modo puramente humano; mas eu não julgo ninguém. E, se eu julgar, o meu julgamento é verdadeiro porque não julgo sozinho, pois o Pai, que me enviou, está comigo.* JOÃO 8:14-16

Embora Jesus estivesse falando com fariseus cabeças-duras, Ele poderia estar se dirigindo a qualquer um de nós, uma vez que às vezes não conseguimos compreender as coisas facilmente, especialmente quando se trata de conceitos espirituais. Isso acontece provavelmente porque tentamos compreender as coisas espirituais com nossa mente carnal e terrena, o que pode ser comparado a usar um televisor antigo para receber uma transmissão em HDTV. A tecnologia dessa antiga TV é muito limitada para receber a transmissão dos sinais de alta definição. Sem um adaptador, a velha TV é totalmente inútil para captar os sinais de transmissão das ondas.

O mesmo acontece quando tentamos entender quem é Jesus com as limitações de nossa mente terrena. Simplesmente não funciona. E quando nos recusamos a ouvir com ouvidos espirituais, ficamos parecidos com os fariseus, sujeitos à dúvida, ao ceticismo e ao cinismo. Pense um pouco — não é assim que os incrédulos reagem em relação a Jesus? A espiritualidade não faz sentido dentro das limitações de uma mente terrena.

Mas aqui estão as boas-novas: Jesus entende isto, e Ele promete que não nos julgará por sermos humanos (embora pudesse fazê-lo, uma vez que é um com Deus, o maior juiz do Universo). Jesus compreende nossa condição humana porque Ele andou neste mundo na pele de um ser humano por tempo suficiente para saber como é se sentir como ser humano. Ele não vai nos julgar por sermos cabeças-duras algumas vezes.

Nessa mesma linha de pensamento, Jesus nos adverte para não o julgar de acordo com padrões humanos, pois Ele sabe que isso não vai funcionar. Em vez disto, deseja que comecemos a raciocinar com nosso sentido espiritual. E isso envolve fé. Não esqueça de que não precisamos de uma grande quantidade de fé. Jesus disse que a fé do tamanho de um simples grão de mostarda pode produzir milagres — à medida que fundamentamos nossa fé nele.

## ▶ MINHA ORAÇÃO

*Querido Deus,*
*Descobri que tenho a tendência de usar minha mente terrena em vez de usar meu sentido espiritual. Por favor, ajuda-me a desenvolver um forte sentido espiritual para que possa entender melhor em meu coração como tu és e ages. Amém.*

## ▶ PAVIMENTANDO O CAMINHO

Meu sentido espiritual é limitado por minha mente terrena.

## ▶ PALAVRA FINAL

*Deus faz todas as coisas. E, como você não pode entender como começa uma nova vida dentro da barriga de uma mulher, assim também não pode entender as coisas que Deus faz.* ECLESIASTES 11:5

# 63. VENDO JESUS

## ▶ APRENDENDO DE **JESUS, A ROCHA**

> *Vocês não me conhecem e também não conhecem o meu Pai. Se, de fato, me conhecessem, conheceriam também o meu Pai.* JOÃO 8:19

Jesus tinha acabado de informar aos líderes religiosos de que Ele estava lhes falando em nome de Seu Pai. Ele lembrou a esses homens legalistas que mesmo nos seus próprios tribunais, eles requeriam duas testemunhas como evidência, assim Jesus lhes disse que Ele e Seu Pai estavam servindo como duas testemunhas. É claro que esta resposta não os agradou, então em um novo esforço para pegá-lo numa armadilha, eles exigiram saber quem era o Pai de Jesus. Novamente, Ele não lhes respondeu de acordo com suas expectativas. É bom lembrar que esses religiosos estavam confinados à sua mente terrena.

Claramente Jesus lhes falou que, embora estivessem olhando diretamente para Ele, ainda assim não podiam vê-lo. Agora provavelmente estivessem pensando: *Por acaso somos tolos? Claro que estamos vendo você, pois está bem aqui em nossa frente.* Mas eles podiam ver Jesus somente com seus olhos humanos. Seus olhos espirituais estavam cegos ou fechados, pois não viam claramente Jesus pelo que Ele verdadeiramente era. Não entenderam que Ele era o Filho de Deus. Não conheciam Jesus — quem realmente era — e isso simplesmente comprovava que não conheciam Deus.

Então, de que maneira tudo isso tem a ver com você? Como você reage quando "vê" Jesus? Saiba que há muitos modos para se ver Jesus. Por exemplo, você pode vê-lo trabalhando em alguém, mas talvez isso o faça se sentir desconfortável. Outras vezes você pode vê-lo por meio de coisas básicas da natureza, como um belo pôr do sol, que o leva a adorar ao Senhor. Algumas vezes, pode vê-lo ao ler a Palavra de Deus e por certo uma frase em especial chama sua atenção ou, quem sabe, quando ora e tem o sentimento de que Deus o está conduzindo para uma determinada ação. Quando você vê Jesus numa dessas maneiras, você sempre o reconhece? Você sempre lhe responde?

## ▶ MINHA ORAÇÃO

> Querido Deus,
> Por favor, perdoa-me pelas vezes em que eu te "vi" e não mudei o rumo de minha vida. Ajuda-me a ver o que tu desejas que eu veja e a responder de forma que te agrade. Amém.

## ▶ PAVIMENTANDO O CAMINHO

Meus olhos espirituais anseiam por ver a Deus.

## ▶ PALAVRA FINAL

> *Temam o* Senhor *e sirvam a ele fielmente, com todo o coração. Lembrem das grandes coisas que ele fez por vocês.*
> 1 SAMUEL 12:24

# 64. QUEM É UM FARISEU?

## ▶ APRENDENDO DE **JESUS, A ROCHA**

> *Vocês são daqui debaixo, e eu sou lá de cima. Vocês são deste mundo, mas eu não sou deste mundo. Por isso eu disse que vocês vão morrer sem o perdão dos seus pecados. De fato, morrerão sem o perdão dos seus pecados se não crerem que "Eu Sou Quem Sou".* JOÃO 8:23

Alguma vez você já se perguntou porque há tantos registros das palavras de Jesus na Bíblia dirigidas aos fariseus, que eram tão teimosos, orgulhosos e de coração endurecido? Por que Jesus "investiu" tanto tempo com aqueles homens que não apenas se recusavam a crer nele, mas realmente estavam buscando tirar-lhe a vida? Por que Jesus agiu assim?

Será que aqueles fariseus estariam representados por um tipo de pessoas que existe em todo o mundo? É possível que todos nós tenhamos um pouquinho de fariseu escondido dentro de nós? Se você não concorda, considere algumas das características negativas de um típico fariseu do tempo de Jesus: (1) Eles achavam que sabiam mais do que os outros; (2) Acreditavam que a prática de suas próprias leis assegurava seu sucesso; (3) Estavam certos de que eram superiores aos outros; (4) Questionavam a todos os que não concordavam com eles; (5) Eram orgulhosos e gananciosos.

Agora pergunte a si mesmo: *Alguma dessas características se encaixa em mim?* Quem é que não pensa saber mais do que os outros algumas vezes? Quem é que não gosta de fazer suas próprias regras? E por aí vai. É como se Jesus já soubesse tudo isso, e provavelmente por essa razão muitas de Suas palavras, embora dirigidas aos fariseus, podem ser aplicadas hoje a qualquer pessoa. Assim, Jesus tornou isso muito simples.

Nessas palavras registradas na Bíblia, Ele adverte, sem rodeios, aos fariseus (e a todos nós) que, a não ser que cressem nele e acreditassem que Ele morreria pelos pecados deles, todos certamente morreriam.

## ▶ MINHA ORAÇÃO

*Querido Deus,*
*Confesso que, algumas vezes, ajo como um fariseu, quando penso que sei mais do que os outros. Ajuda-me a me ver como realmente sou, então leva-me para junto de ti para que eu possa ser transformado. Amém.*

## ▶ PAVIMENTANDO O CAMINHO

Quero me humilhar para que Deus possa me transformar.

## ▶ PALAVRA FINAL

*O mais importante deve ser como o menos importante; e o que manda deve ser como o que é mandado.* LUCAS 22:26

# 65. AUTORIZADO POR DEUS

## ▶ APRENDENDO DE **JESUS, A ROCHA**

> *Quando vocês levantarem o Filho do Homem, saberão que "Eu Sou Quem Sou". E saberão também que não faço nada por minha conta, mas falo somente o que o meu Pai me ensinou. Quem me enviou está comigo e não me deixou sozinho, pois faço sempre o que lhe agrada.* JOÃO 8:28,29

Mesmo sendo Jesus o Messias, o escolhido, e o próprio Filho de Deus — o que significa que Ele é realmente igual a Deus — Ele ainda entendia que Sua vida na Terra era autorizada pelo Pai. Em outras palavras, Ele sabia que todo o poder que tinha na Terra vinha diretamente do Pai. Aceitava o fato de que tudo o que sabia lhe havia sido concedido por Deus, e respeitava a condição de que tudo o que fazia era resultado direto da autorização divina. Jesus estava inteiramente ciente dessa Sua maravilhosa e poderosa conexão, e nunca tentou fazer qualquer coisa sem a permissão do Pai. E por que alguém o faria?

No entanto, nós o fazemos. Vivemos de maneira "não autorizada" quando tentamos viver sem Deus. Talvez não o façamos de forma intencional, mas o que fazemos é exatamente o mesmo. Há ocasiões em que pensamos ter a nossa própria força, inteligência ou recursos, o que quer que seja, e tentamos realizar as coisas em nossa vida sem qualquer ajuda de Deus.

Mesmo que consigamos lidar com nossos tropeços, devemos nos perguntar: Que tropeços seriam esses? Especialmente quando consideramos que Deus está apenas esperando que peçamos Sua ajuda, para que Ele possa usar Sua autoridade para guiar nossa vida. Apesar disso, sempre apresentamos várias desculpas para ficar longe do alcance de Seus braços. Talvez tenhamos de aprender da maneira mais difícil.

Precisamos lembrar que Jesus, o Filho de Deus, nunca tentou fazer nada por conta própria. Ele sabia que precisava da autoridade de Deus cada minuto do dia e a cada simples passo que dava em Seu caminho. Jesus *nunca* usou a autoridade de Deus como algo automático. Por que deveríamos viver diferente disso?

## ▶ MINHA ORAÇÃO

> Querido Deus,
> Admito que muitas vezes eu te deixo fora de certas coisas. Por favor, que eu jamais esqueça que preciso de ti. Ajuda-me a permanecer unido ao Senhor e a descobrir a diferença que Tua autoridade faz em minha vida. Amém.

## ▶ PAVIMENTANDO O CAMINHO

> Preciso ser autorizado por Deus para tornar a minha vida realmente útil.

## ▶ PALAVRA FINAL

> Pois o Espírito que Deus nos deu não nos torna medrosos; pelo contrário, o Espírito nos enche de poder e de amor e nos torna prudentes. 2 TIMÓTEO 1:7

# 66. REAL LIBERDADE

## ▶ APRENDENDO DE **JESUS, A ROCHA**

*Se vocês continuarem a obedecer aos meus ensinamentos, serão, de fato, meus discípulos e conhecerão a verdade, e a verdade os libertará.* JOÃO 8:31,32

Quem é que não deseja liberdade? Há sempre uma parte dentro de nós que quer ser inteiramente livre.

Por vezes, você pode ficar um pouco confuso sobre qual é o verdadeiro significado da liberdade. Talvez, imagine que ela seja como um dia de folga, longe de suas responsabilidades. Quem sabe, você ache que recebeu algo sem pagar nada. Ou, talvez, tenha escapado de uma situação em que ficaria aprisionado — e chegou livre em casa.

A liberdade da qual Jesus está falando é muito maior e mais duradoura do que essas coisas. É uma espécie de liberdade profunda na alma quando você se sente como se uma carga fosse tirada dos seus ombros. Ela alivia a consciência e o ajuda a dormir melhor. Simplifica sua vida e lhe dá novo ânimo.

Mas este tipo de liberdade não vem realmente de graça — tem um custo. Para começar, Jesus pagou caro por esta liberdade. O preço foi Sua morte na cruz. Sua ressurreição se tornou Sua definitiva liberdade. Mesmo assim, ela tem um custo para você. O preço é simplesmente tudo. É decisão sua entregar completamente sua vida para Deus — confiar nele, crer nele, estudar Sua Palavra e conhecer Sua verdade. Quando você paga o preço de entregar tudo, o qual é realmente muito pequeno comparado ao que receberá de volta, você experimentará a liberdade. Quando conhecemos a verdade de Deus, somos livres.

## ▶ MINHA ORAÇÃO

*Querido Deus,*
*Quero ter a Tua verdade em minha vida. Desejo pagar*
*o preço — entregar tudo ao Senhor — para que eu possa*
*desfrutar a Tua verdadeira liberdade. Amém.*

## ▶ PAVIMENTANDO O CAMINHO

Quando conheço a verdade de Deus eu me torno um ser livre.

## ▶ PALAVRA FINAL

*Porém, quando o Espírito da verdade vier, ele ensinará toda a verdade a vocês. O Espírito não falará por si mesmo, mas dirá tudo o que ouviu e anunciará a vocês as coisas que estão para acontecer.* JOÃO 16:13

# 67. ESCRAVO DO PECADO

## ▶ APRENDENDO DE **JESUS, A ROCHA**

> *Eu afirmo a vocês que isto é verdade: quem peca é escravo do pecado. O escravo não fica sempre com a família, mas o filho sempre faz parte da família. Se o Filho os libertar, vocês serão, de fato, livres.* JOÃO 8:34-36

Um escravo é alguém que não pode exercer sua própria vontade. O senhor determina alguma coisa e o escravo simplesmente tem de cumprir a decisão de seu dono. Mas se o Senhor for o próprio Deus, ser escravo é uma boa coisa, pois Deus sempre procura os melhores interesses do servo e somente lhe pede que faça coisas que sejam boas para ele, nunca o ferindo. Mas e se o senhor for mal? E se o escravo for dominado pelo pecado?

É disso que Jesus está falando aqui. Ele está explicando como o pecado pode se tornar seu senhor de tal forma que você parece não mais ter vontade própria. Você pode estar escravizado pelo engano — que pode ter começado com uma pequena mentira, mas logo se torna um hábito e logo já não pode parar de mentir. Ou pode estar escravizado por vícios, seja por comida ou por jogos de computador, por drogas ou sexo. Você descobre que se tornou um escravo quando suas energias e recursos estão direcionados para um comportamento que o fere, quando você não tem mais o controle sobre essa atividade, e é ela que o controla. Quando você está envolvido com tudo isso, engana a si mesmo, pensando que está tendo prazer. Porém, mais tarde estará cheio de arrependimento e parecerá não ter mais escolha, como se tivesse sido preso. Isto é ser um escravo.

Então, como você pode se livrar dessa escravidão? Como pode sair dessa prisão? Somente Jesus pode libertar você. E essa libertação não pode ter início até que você aceite a verdade, sendo honesto consigo mesmo e admitindo abertamente que está escravizado por um pecado em particular. A seguir você precisa pedir a Deus que o ajude a entregar completamente sua vida a Ele, incluindo a área que envolve esse pecado. Que Deus possa mostrar a você algumas medidas práticas para serem tomadas, tais como reunir-se com um grupo de apoio ou ingressar num clube para a prática de esportes. Mas somente a verdade de Deus (e a aceitação dela) pode libertar você. Então você será realmente livre.

## ▶ MINHA ORAÇÃO

*Querido Deus,*
*Não quero ser escravo do pecado. Ajuda-me a ser honesto — realmente honesto — e receber a Tua verdade em minha vida. Então, mostra-me os passos que devo tomar para me tornar livre. Amém.*

## ▶ PAVIMENTANDO O CAMINHO

A verdade de Deus me tornará livre da escravidão do pecado.

## ▶ PALAVRA FINAL

*As tentações que vocês têm de enfrentar são as mesmas que os outros enfrentam; mas Deus cumpre a sua promessa e não deixará que vocês sofram tentações que vocês não têm forças para suportar. Quando uma tentação vier, Deus dará forças a vocês para suportá-la, e assim vocês poderão sair dela.* 1 CORÍNTIOS 10:13

# 68. O AGIR DE DEUS

## ▶ APRENDENDO DE **JESUS, A ROCHA**

> *Ele é cego, sim, mas não por causa dos pecados dele nem por causa dos pecados dos pais dele. É cego para que o poder de Deus se mostre nele. Precisamos trabalhar enquanto é dia, para fazer as obras daquele que me enviou. Pois está chegando a noite, quando ninguém pode trabalhar. Enquanto estou no mundo, eu sou a luz do mundo.* JOÃO 9:3-5

Os discípulos de Jesus haviam acabado de perguntar por que um homem havia nascido cego. Eles viviam numa época em que os problemas físicos ou de saúde eram geralmente associados com o pecado. Então, era muito natural que considerassem a cegueira como resultado de um pecado. E se uma pessoa nascia cega, talvez isso indicasse que seus pais haviam pecado. Mas Jesus disse com firmeza que eles estavam errados e fez uma afirmação notável: a razão para a cegueira daquele homem era para revelar o poder de Deus.

Aquela resposta deve ter surpreendido os discípulos. Como uma pessoa com problemas físicos poderia fazer com que Deus parecesse bom? Parecia mais provável que uma pessoa que tivesse nascido cega fosse alguém que Deus tivesse amaldiçoado com esse tipo de problema. De fato, essa é a mesma atitude de algumas pessoas hoje. Elas veem alguém sofrendo e perguntam por que Deus permitiu isso. Elas culpam a Deus por tudo que parece estar errado com o mundo.

Jesus diz que estes problemas e desafios são, na verdade, oportunidades para Deus mostrar o que Ele pode fazer. Ele está dizendo que nossas fraquezas e deficiências são a oportunidade de Deus nos fortalecer, de nos conduzir ao crescimento ou até mesmo de nos curar. Primeiro temos de entender que precisamos da ajuda de Deus, e então entregar nossas dificuldades para Ele. Depois, precisamos dar um passo atrás e confiar na ação dele, e quando Ele age, é importante que desejemos contar aos outros o que Ele tem feito.

## ▶ MINHA ORAÇÃO

*Querido Deus,*
*Ajuda-me a ver minhas dificuldades e desafios pessoais como oportunidades para que possas brilhar em minha vida. Quero confiar meu tudo a ti. Amém.*

## ▶ PAVIMENTANDO O CAMINHO

*Deus pode usar minhas fraquezas para mostrar Seu poder.*

## ▶ PALAVRA FINAL

*As pessoas que têm a mente controlada pela natureza humana acabarão morrendo espiritualmente; mas as que têm a mente controlada pelo Espírito de Deus terão a vida eterna e a paz.* ROMANOS 8:6

# 69. ORGULHO CEGO

### ▶ APRENDENDO DE **JESUS, A ROCHA**

> *Então Jesus afirmou:*
> *— Eu vim a este mundo para julgar as pessoas, a fim de que os cegos vejam e que fiquem cegos os que veem.*
> *Alguns fariseus que estavam com ele ouviram isso e perguntaram:*
> *— Será que isso quer dizer que nós também somos cegos?*
> *— Se vocês fossem cegos, não teriam culpa! — respondeu Jesus. — Mas, como dizem que podem ver, então continuam tendo culpa.* JOÃO 9.39-41

Por que você fingiria ser algo que não é? Por que negaria uma área de fraqueza em sua vida? Por querer que os outros pensem que você é melhor do que realmente é? Ou por causa do orgulho?

O orgulho dos líderes religiosos e dos fariseus hipócritas impedia que eles vissem Jesus como Ele realmente era e que reconhecessem que Cristo havia vindo da parte de Deus. De fato, o orgulho os havia tornado cegos. Será que eles admitiriam sua cegueira? Claro que não. Eles haviam negado que tivessem algum problema e insistiam que todos os demais, incluindo Jesus, precisavam de ajuda. Os fariseus eram do tipo "podemos ver muito bem, obrigado". Estavam seguros em si mesmos de que sua visão espiritual era 100%. No entanto, eram completamente cegos. Jesus veio para curar os doentes e fazer os cegos enxergarem, mas se as pessoas negassem sua cegueira, como os fariseus, qual seria a possibilidade de Jesus curá-los?

Se permitirmos que o orgulho dirija nossa vida (como os fariseus) e dissermos "estamos muito bem, obrigado", Jesus não nos pode ajudar. Nossa negação não apenas nos mantém longe da cura, mas nos conserva afastados de Deus. É somente quando admitimos nossa fraqueza, confessamos nossos pontos cegos (que todos nós temos) e pedimos a ajuda de Deus, que podemos ser curados.

## ▶ MINHA ORAÇÃO

*Querido Deus,*
*Sei que tenho pontos cegos em minha vida e o orgulho me leva a negá-los. Ajuda-me a confessar minhas fraquezas e a ir até ti para ser curado. Amém.*

## ▶ PAVIMENTANDO O CAMINHO

Eu não permitirei que o orgulho me separe da verdade e da restauração em Deus.

## ▶ PALAVRA FINAL

*Para o malvado, fazer o mal é divertimento, mas a pessoa sensata encontra prazer na sabedoria.* PROVÉRBIOS 10:23

# 70. ATENÇÃO!

## ▶ APRENDENDO DE **JESUS, A ROCHA**

> *Eu afirmo a vocês que isto é verdade: quem não entra no curral das ovelhas pela porta, mas pula o muro é um ladrão e bandido. Mas quem entra pela porta é o pastor do rebanho. O porteiro abre a porta para ele. As ovelhas reconhecem a sua voz quando ele as chama pelo nome, e ele as leva para fora do curral. Quando todas estão do lado de fora, ele vai na frente delas, e elas o seguem porque conhecem a voz dele. Mas de jeito nenhum seguirão um estranho! Pelo contrário, elas fugirão, pois não conhecem a voz de estranhos.* JOÃO 10:1-5

Quando Jesus contou esta parábola, o povo ficou confuso, mas interessado. Ele definitivamente os pegou com uma história de suspense e ao mesmo tempo intrigante. Mas o que ela significava? Quem eram os ladrões e os bandidos? Por que eles estavam se esgueirando por cima do muro e roubando as ovelhas? De fato, isso não fazia muito sentido para os ouvintes. Ainda assim, Jesus capturou a atenção deles, e por pouco de tempo, Ele os deixou em suspenso e conjecturando sobre isso.

Uma porção de coisas espirituais nos acontecem exatamente assim. Algo nos atinge a partir do nada — geralmente em forma de incidentes ao longo do dia. Poderia ser alguma coisa boa ou uma recompensa inesperada. Ou algo trágico como a morte súbita de um ente querido. Alguma coisa acontece em nossa vida que nos assalta e abala. Isso desperta nossa atenção, mas não estamos muito certos sobre o significado dessas coisas. Muitas vezes nem sabemos como vamos reagir. Não percebemos que talvez Deus esteja querendo chamar nossa atenção para nos mostrar algo. Talvez, sejamos deixados em suspenso nos perguntando o porquê disso.

Nesta parábola, a qual Jesus explica mais completamente no texto seguinte das Escrituras (que será o tema de nosso próximo devocional), não é difícil descobrir que Jesus é o pastor, especialmente por causa da metáfora que Ele já havia usado antes. Mas não está bem claro quem são os bandidos e os ladrões, ou quem é o porteiro. Jesus quer, principalmente, que saibamos que quando nos sentimos confusos ou até mesmo surpreendidos, precisamos nos lembrar de que Ele nos ajuda e tem as respostas de que precisamos. Quando compreendemos quem Ele é, aprendemos a confiar nele. Nós o buscamos para que nos direcione e nos conforte, e confiamos nele para nos guiar em segurança.

### ▶ MINHA ORAÇÃO

*Querido Deus,*
*Sei que algumas vezes é difícil conseguires minha atenção. Ajuda-me a ficar atento a ti e a confiar que me conduzirás para onde preciso ir. Amém.*

### ▶ PAVIMENTANDO O CAMINHO

Deus precisa ter minha atenção para que Ele possa me conduzir.

### ▶ PALAVRA FINAL

*Ó Senhor, eu grito pedindo a tua ajuda. Ó Deus, tu és o meu protetor, és tudo o que desejo nesta vida. Escuta o meu grito pedindo socorro, pois estou caindo no desespero...*
SALMO 142.5,6

# 71. NOSSA PORTA DE ENTRADA

▶ APRENDENDO DE **JESUS, A ROCHA**

> *Eu afirmo a vocês que isto é verdade: eu sou a porta por onde as ovelhas passam. Todos os que vieram antes de mim são ladrões e bandidos, mas as ovelhas não deram atenção à voz deles. Eu sou a porta. Quem entrar por mim será salvo; poderá entrar e sair e achará comida. O ladrão só vem para roubar, matar e destruir; mas eu vim para que as ovelhas tenham vida, a vida completa.* JOÃO 10:7-10

Jesus tinha conseguido atrair a atenção dos ouvintes, e começou a explicar Sua parábola sobre as ovelhas, os ladrões e a porta. Primeiramente Ele disse que os bandidos e ladrões chegaram antes dele.

É fácil deduzir que Ele estava se referindo aos líderes religiosos que realmente jamais haviam cuidado do povo a quem eles deveriam estar servindo. Em vez de encorajar o povo a buscar a Deus, os fariseus haviam apresentado às pessoas uma longa lista de regras ridículas, e então, quando o povo não conseguia cumprir essas leis, os fariseus exigiam que eles pagassem (com sacrifícios). Era muito parecido com um roubo.

Mas a nova reviravolta nesta parábola é que Jesus não apenas se refere a si mesmo como o Pastor, mas, ao mesmo tempo Ele se identifica como a porta. Jesus está afirmando que Ele é nossa porta de entrada — precisamos passar através dele para sermos servos e encontrar a Deus. Assim, Ele não somente nos guiará para onde devemos ir, mas também será o caminho, a porta, o portal, a entrada e tudo o mais, nos permitindo atravessar para o outro lado. Ao aceitá-lo, caminhamos pela porta de entrada e somos bem-vindos para caminhar livremente. Jesus tomará conta de nossas necessidades, e nosso relacionamento com Ele será pleno, com transformação de vida.

Cristo nos apresenta muitas ilustrações, mostrando quadro após quadro como Ele é. Assim podemos compreender quem Ele é e podemos sempre nos lembrar disso. Jesus chama a si mesmo de o Pão da vida, a Água viva, a Luz do mundo, o Bom Pastor e muito mais. Tudo é um convite para nos unirmos a Ele, para participar da vida que Ele nos oferece. E ao aceitarmos Seu convite para irmos a Ele (como a porta), seremos imediatamente transportados para o melhor que essa vida pode oferecer.

## ▶ MINHA ORAÇÃO

> *Querido Deus,*
> *Obrigado por me convidares para me achegar à Tua presença por meio de Jesus. Sei que a única razão pela qual podes me dar esse ingresso gratuito é porque pagaste voluntariamente o preço do meu pecado, entregando a Tua vida. E não quero recebê-lo como algo merecido. Amém.*

## ▶ PAVIMENTANDO O CAMINHO

> Jesus é minha porta de entrada para o que Deus tem de melhor para mim.

## ▶ PALAVRA FINAL

> *Eu digo isso para que, por estarem unidos comigo, vocês tenham paz. No mundo vocês vão sofrer; mas tenham coragem. Eu venci o mundo.* JOÃO 16:33

# 72. O BOM PASTOR

## ▶ APRENDENDO DE **JESUS, A ROCHA**

> *Eu sou o bom pastor; o bom pastor dá a vida pelas ovelhas. Um empregado trabalha somente por dinheiro; ele não é pastor, e as ovelhas não são dele. Por isso, quando vê um lobo chegando, ele abandona as ovelhas e foge. Então o lobo ataca e espalha as ovelhas. O empregado foge porque trabalha somente por dinheiro e não se importa com as ovelhas.* JOÃO 10:11-13

Jesus continua explicando Seu papel como o Bom Pastor. Ele mostra a diferença entre si mesmo e outros tipos de pastor que não fazem um bom trabalho — conhecidos como mercenários. Esta é uma espécie de pastor que aceitou o trabalho provavelmente porque não tinha outra opção e não está nem aí para as ovelhas. Esse indivíduo com certeza não conta as ovelhas à noite, por certo não sabe o nome de cada uma delas, e se houver algum perigo real (como um lobo), ele vai fugir para salvar a sua vida, deixando as ovelhas por conta própria. Ele está ali somente por causa do salário.

Novamente, trata-se de uma descrição de muitos líderes religiosos daqueles dias. Infelizmente, ainda há "pastores" assim na contemporaneidade — pessoas nas lideranças das igrejas que não se preocupam com as congregações nas quais são pagos para servir. Estão nessa missão apenas pelo dinheiro.

A boa notícia é que Jesus é o seu Bom Pastor. Mesmo que você tenha sido vítima de um mau pastor em algum momento de sua vida (eventualmente, a maioria das pessoas serão), isso não é de maneira nenhuma um reflexo de Jesus. De fato, é apenas para nos lembrar de que há apenas um Bom Pastor, e esse é Jesus. Quanto mais você procurar conhecer o seu Bom Pastor, mais reconhecerá a voz de Jesus, e mais aprenderá a reconhecer o que é a verdade e o que não é. Claro que você não vai querer ser desviado do caminho por um mau pastor.

## ▶ MINHA ORAÇÃO

> *Querido Deus,*
> *Obrigado por me dares um Bom Pastor. Ajuda-me a reconhecer Tua voz e a responder rapidamente quando eu a ouvir. Amém.*

## ▶ PAVIMENTANDO O CAMINHO

> Vou direcionar meus ouvidos para ouvir a voz do Bom Pastor.

## ▶ PALAVRA FINAL

> *O SENHOR Deus é bom. Em tempos difíceis, ele salva o seu povo e cuida dos que procuram a sua proteção.* NAUM 1:7

# 73. TUDO POR NÓS

## ▶ APRENDENDO DE **JESUS, A ROCHA**

> *Eu sou o bom pastor. Assim como o Pai me conhece, e eu conheço o Pai, assim também conheço as minhas ovelhas, e elas me conhecem. E estou pronto para morrer por elas. [...] O Pai me ama porque eu dou a minha vida para recebê-la outra vez. Ninguém tira a minha vida de mim, mas eu a dou por minha própria vontade. Tenho o direito de dá-la e de tornar a recebê-la, pois foi isso o que o meu Pai me mandou fazer.* JOÃO 10:14,15,17,18

Qual o melhor presente que alguém pode dar? Jesus nos diz que é definitivamente sacrificar-se — dar a vida por alguém — exatamente o que Ele fez. Jesus nos dará tudo o que tem para nos dar, assim podemos receber tudo o que Ele nos prometeu. E não é pouca coisa. Cristo entregou Sua vida para que pudéssemos ter a vida eterna. Que dádiva! É algo que muitos acham que merecem. Ou pior, muitos a rejeitam.

Talvez pensemos que somos merecedores de Jesus porque realmente não somos muito diferentes de ovelhas. Imagine um jovem que sempre quis ser pastor. Ele treinou pastorear ovelhas desde criança. Aperfeiçoou a habilidade de lançamento de pedras (para espantar os predadores) e fez exercícios para estar em forma para acompanhar as ovelhas. Até pesquisou os melhores pastos nas encostas das montanhas e os riachos mais limpos. Finalmente consegue seu trabalho como pastor e leva tudo muito a sério. Ele conta as ovelhas. Atribui nomes a elas. Trata de seus ferimentos. E à noite até mesmo canta para elas dormirem.

Mas numa noite escura, um leão faminto decide atacar o rebanho. Quando ele se aproxima das ovelhas adormecidas, o pastor lhe atira pedras e rapidamente ataca o leão. Ele procura matar o leão com sua faca, mas no meio da batalha o próprio pastor é ferido e morre. As ovelhas continuam dormindo como se nada tivesse acontecido, sem ter a menor ideia do preço que havia sido pago por sua segurança.

Jesus não quer que você se comporte como uma ovelha sonolenta, alheia ao valor do custo para protegê-la. Em vez disso, deseja que você venha a Ele e se torne uma ovelha feliz, respondendo rapidamente ao ouvir a voz do seu pastor.

## ▶ MINHA ORAÇÃO

*Querido Deus,*
*Não quero ser como uma daquelas ovelhas sonolentas.*
*Desejo a todo tempo apreciar o preço que pagaste,*
*permitindo que Jesus morresse por mim. Obrigado por teres me dado tudo. Amém.*

## ▶ PAVIMENTANDO O CAMINHO

Jesus entregou Sua vida para eu pudesse ter vida.

## ▶ PALAVRA FINAL

*Ouvi uma voz forte que vinha do trono, a qual disse:*
*— Agora a morada de Deus está entre os seres humanos! Deus vai morar com eles, e eles serão os povos dele. O próprio Deus estará com eles e será o Deus deles.*
APOCALIPSE 21:3

# 74. ZONA DE SEGURANÇA

## ▶ APRENDENDO DE **JESUS, A ROCHA**

*Eu já disse, mas vocês não acreditaram. As obras que eu faço pelo poder do nome do meu Pai falam a favor de mim, mas vocês não creem porque não são minhas ovelhas. As minhas ovelhas escutam a minha voz; eu as conheço, e elas me seguem. Eu lhes dou a vida eterna, e por isso elas nunca morrerão. Ninguém poderá arrancá-las da minha mão. O poder que o Pai me deu é maior do que tudo, e ninguém pode arrancá-las da mão dele. Eu e o Pai somos um.* JOÃO 10:25-30

Jesus estava respondendo a alguns judeus "cultos" que o questionavam pela enésima vez. Provavelmente, Jesus sabia que eles não queriam respostas e de fato não estavam procurando a verdade. Fica claro, nos versículos anteriores, que eles estavam mais interessados em eliminar Jesus do que qualquer outra coisa. Na verdade, tinham acabado de acusá-lo de estar endemoninhado ou insano. Seu alvo era óbvio — queriam matá-lo.

Quando as pessoas querem colocar os outros para baixo, geralmente é porque esperam parecer mais altos ou melhores. Neste caso, aqueles homens provavelmente queriam parecer mais cultos e superiores diante dos espectadores, alguns dos quais realmente acreditavam em Jesus e queriam ouvir mais dos Seus ensinos. Jesus, assim como Seu Pai, não perdeu tempo. Ele usou essa situação como uma oportunidade para ensinar sobre quem realmente Ele era.

Ele deixou bem claro que aqueles homens que o questionavam não eram Suas ovelhas (Seus seguidores). Se fossem realmente, não estariam lhe dizendo aquelas coisas desagradáveis. Não seriam tão cínicos em sua forma de agir. Jesus declarou, mais uma vez, que Suas ovelhas ouvem Sua voz porque o conhecem e Ele também as conhece. Também deixou claro que Suas ovelhas seriam protegidas. Em essência, elas estariam numa zona de segurança. Ninguém seria capaz de feri-las.

Jesus promete para Suas ovelhas (e para nós) a vida eterna e nos assegura de que enquanto estivermos na zona de segurança, ninguém poderá nos tirar de lá — nem mesmo pessoas cruéis que tentam encher nossa mente com mentiras. Permanecemos seguros em Jesus porque Deus está no controle e Ele e Jesus são um.

## ▶ MINHA ORAÇÃO

*Querido Deus,*
*Entendo que quando as pessoas querem diminuir o Senhor, é porque elas não te conhecem. Sou muito grato porque te conheço. E também agradeço porque me protegerás de todos aqueles que tentarem tirar meu coração de Tuas mãos. Amém.*

## ▶ PAVIMENTANDO O CAMINHO

Eu estou seguro porque Deus me conhece e eu também o conheço.

## ▶ PALAVRA FINAL

*Quando estou cercado de perigos, tu me dás segurança. A tua força me protege do ódio dos meus inimigos; tu me salvas pelo teu poder.* SALMO 138:7

# 75. REFLEXOS DO RELACIONAMENTO

## ▶ APRENDENDO DE **JESUS, A ROCHA**

> *Se não faço o que o meu Pai manda, não creiam em mim. Mas, se eu faço, e vocês não creem em mim, então creiam pelo menos nas coisas que faço. E isso para que vocês fiquem sabendo de uma vez por todas que o Pai vive em mim e que eu vivo no Pai.* JOÃO 10:37,38

É realmente incrível ver quantas oportunidades Jesus deu aos fariseus e aos líderes religiosos para crer nele. Apesar do fato de eles se mostrarem cruéis e acusadores — até mesmo denunciando-o de blasfêmia, o que é igual a odiar a Deus — e apesar do fato de eles estarem planejando matá-lo, Jesus continuava lhes apresentando a verdade. E aqui está a boa notícia: uns poucos dentre eles realmente entenderam, mas não antes da morte e ressurreição de Jesus. De fato, alguns aceitaram a verdade e você pode apostar como ficaram tristes pela maneira como o haviam tratado.

Jesus disse aos fariseus que não *deveriam* crer nele, a não ser que Ele fizesse o que o Pai fazia e refletisse a nítida imagem do próprio Deus. Certamente, tudo o que Jesus fazia representava o amor e a graça de Deus, e muitos dos Seus seguidores entenderam isso. Mas é interessante que Ele estava dizendo isto aos fariseus. Era quase como um desafio para eles. Talvez uma psicologia reversa. [N.T.: Tentativa de obter uma resposta positiva através de uma sugestão negativa, isto é, conseguir que alguém faça algo, desafiando-o, dizendo que não é capaz de fazer.]

Quem sabe, Jesus também está tentando nos lembrar sobre nossas ações. Ele estaria nos dizendo que algumas vezes não agimos como alguém que realmente acredita nele? E quando não agimos como cristãos, por que deveríamos acreditar que alguém vai pensar que pertencemos a Deus? Devemos ser capazes de ver Deus agindo em cada pessoa. Se não pensamos assim, precisamos perguntar o porquê. Não que tenhamos de julgar uns aos outros, mas se alguém diz ser cristão e seus atos são completamente opostos a isso, pode ser que haja aí um problema de coerência.

Um relacionamento íntimo com Deus modifica miraculosamente quem somos. Isso ocorre porque Deus transforma nossa forma de pensar e de interagir com os outros. Qualidades como amor e perdão começam a fluir mais naturalmente através de nós, e as pessoas ao nosso redor passam a perceber estas mudanças. Isto é o que Jesus está dizendo: "Olhe para minha vida e você verá que o Pai e Eu somos um". Ele deseja que você seja capaz de dizer o mesmo.

## ▶ MINHA ORAÇÃO

> *Querido Deus,*
> *Ajuda-me a refletir quem tu és para as pessoas que estão ao meu redor. Preciso estar firmemente unido contigo para me tornar mais semelhante ao Senhor. Ajuda-me a ser quem desejas que eu seja de modo a poder alcançar os outros. Amém.*

## ▶ PAVIMENTANDO O CAMINHO

> Quando mantenho meus olhos fixos em Deus, minha vida reflete o Seu amor.

## ▶ PALAVRA FINAL

> *Não deixem de fazer o bem e de ajudar uns aos outros, pois são esses os sacrifícios que agradam a Deus.* HEBREUS 13:16

# 76. CONFIANÇA

## ▶ APRENDENDO DE **JESUS, A ROCHA**

*Por acaso o dia não tem doze horas? Se alguém anda de dia não tropeça porque vê a luz deste mundo. Mas, se anda de noite, tropeça porque nele não existe luz.* JOÃO 11:9,10

Esta parece ser uma declaração óbvia. Claro que é mais fácil andar durante as horas do dia, e sim, você pode tropeçar ao caminhar à noite. Então?

Quando Jesus disse isto aos Seus discípulos, foi em resposta a preocupação que eles tinham sobre da Sua própria segurança. Ele tinha acabado de informá-los de que viajariam para visitar um amigo doente. Seu destino era o mesmo lugar onde os líderes religiosos tinham tentado matar Jesus por apedrejamento. Seus discípulos não podiam acreditar que Jesus queria retornar àquela cidade. Ele estava preocupado com Sua própria segurança? No entanto, sua resposta pareceu sem importância e quase irrelevante — Cristo estava falando sobre andar durante o dia e andar à noite. O que Ele estava dizendo? O que realmente queria dizer com isso?

Jesus simplesmente queria dizer que a noite ainda não havia chegado, mas não falava sobre a noite do ponto de vista físico. Estava se referindo à noite espiritual, uma espécie de escuridão que chegaria e seria como se todas as luzes tivessem sido apagadas. Estava falando do tempo em que Ele seria preso, açoitado, morto e passaria três dias no sepulcro. Aqueles seriam momentos de trevas para todos. Porém, Jesus sabia que esse tempo ainda não havia chegado, assim, não estava nem um pouco preocupado com Sua segurança. Sua confiança estava em Deus — e no tempo perfeito de Deus. Ele sabia que se encontrava nas mãos do Seu

Pai. E se sentia confortável com isso. Era como andar em algum lugar tranquilo num dia ensolarado, quando tudo vai bem.

Não deveria ser diferente para nós. Quando permanecemos na vontade de Deus, também podemos andar confiantemente na luz. Sem medo. É certo que virão dias escuros, como aconteceu com Jesus, mas todos temos sempre aquela luz para nos guiar. Ainda que estejamos envoltos por trevas e tudo o que podemos ver seja uma pequenina luz ao final do túnel, sabemos em que direção devemos andar, e com o tempo, chegaremos do outro lado.

## ▶ MINHA ORAÇÃO

> *Querido Deus,*
> *Quero permanecer na Tua vontade. Por favor, mostra-me como me tornar melhor e assim agir. Assim, mostra-me como andar confiantemente em Tua luz. Amém.*

## ▶ PAVIMENTANDO O CAMINHO

> A luz de Deus me assegura de que estou caminhando em Sua vontade.

## ▶ PALAVRA FINAL

> *Eu sou o* Senhor*, o Deus de vocês; eu os seguro pela mão e lhes digo: Não fiquem com medo, pois eu os ajudo.* ISAÍAS 41:13

# 77. UMA VISÃO ANTECIPADA

## ▶ APRENDENDO DE **JESUS, A ROCHA**

*Eu sou a ressurreição e a vida. Quem crê em mim, ainda que morra, viverá; e quem vive e crê em mim nunca morrerá.* JOÃO 11:25,26

Jesus disse estas palavras para Sua amiga Marta, no entanto essa promessa é para todos. Marta estava triste por causa da morte de seu irmão, Lázaro, mas Jesus estava lhe dizendo que Lázaro ficaria bem. O entendimento natural dela era que Lázaro estaria bem depois da ressurreição final, mas isso não era muito confortador naquela hora em que a morte de seu irmão estava ainda bem viva em sua mente. Vários dias antes, enquanto Lázaro ainda estava vivo, ela esperava que Jesus chegasse a tempo de curá-lo.

Mas Jesus tinha algo diferente em mente. Um acontecimento muito maior do que Marta ou alguém mais pudesse imaginar. Depois que Lázaro morreu e ficou no túmulo por quatro dias, Jesus miraculosamente o ressuscitou da morte. Este milagre não se parecia com nada do que o Mestre havia feito até então, e as pessoas ficaram atordoadas e espantadas. Como resultado, muitas delas se tornaram verdadeiros crentes em Jesus! Mas uns poucos incrédulos correram para dar essa notícia aos fariseus.

O que o povo não compreendeu inteiramente é que este milagre era como uma visão antecipada do que Deus faria com Jesus não muito tempo depois. Jesus logo seria morto e colocado num sepulcro, mas três dias depois Deus iria ressuscitá-lo miraculosamente da morte. Jesus desejava preparar Seus seguidores para isto, deixando esta vívida memória de Lázaro na mente deles. Ele queria que entendessem que Ele é a ressurreição e a vida, e todo aquele que nele crer terá a vida eterna.

## ▶ MINHA ORAÇÃO

*Querido Deus,*
*Algumas vezes parece difícil acreditar que Jesus morreu e ressuscitou, mas eu creio e por causa desse milagre, creio que posso também ter a vida eterna. Muito obrigado. Amém.*

## ▶ PAVIMENTANDO O CAMINHO

A dádiva da eternidade é minha por causa de Jesus.

## ▶ PALAVRA FINAL

*Então nós, os que estivermos vivos, seremos levados nas nuvens, junto com eles, para nos encontrarmos com o Senhor no ar. E assim ficaremos para sempre com o Senhor.*
1 TESSALONICENSES 4:17

# 78. PRIORIDADES

## ▶ APRENDENDO DE JESUS, A ROCHA

*Deixe Maria em paz! Que ela guarde isso para o dia do meu sepultamento. Os pobres estarão sempre com vocês, mas eu não estarei sempre com vocês.* JOÃO 12:7,8

Jesus estava defendendo Sua amiga Maria. Ela havia feito um ato de muita generosidade, e um dos discípulos a estava criticando. Ironicamente, era o mesmo discípulo que mais tarde trairia Jesus, revelando Seu paradeiro, causando Sua prisão e morte. Aquele traidor era Judas Iscariotes, um dos discípulos mais "cultos", aquele que cuidava das finanças do grupo. Mas no fim, Judas vendeu Jesus por dinheiro. Obviamente, Judas e Maria eram personalidades opostas — ele se preocupava com as finanças, enquanto ela doava livremente. As prioridades deles não poderiam ser mais diferentes.

Maria ofereceu a Jesus algo que valia muito mais do que o preço que foi pago a Judas para trair a Jesus. Ela derramou um perfume caríssimo, que estava selado num vaso de alabastro. Somente pessoas muito ricas possuíam tais coisas, e geralmente eram reservadas para seu próprio sepultamento. Maria talvez não tivesse ideia de que Jesus brevemente seria morto. Ela simplesmente praticou este ato por amor. Jesus era mais importante para ela do que tudo o mais. Ela voluntariamente quebrou aquele seu lindo vaso, derramou a preciosa fragrância nos pés de Jesus, e então secou os pés dele com seus longos cabelos. Foi um gesto de verdadeira devoção e amor puro. No entanto, Judas a repreendeu por causa disto. Em vez de confiar em Jesus, Judas estava preocupado em pagar as contas, assim ele reclamou dizendo que teria sido melhor se tivesse vendido o perfume e dado o dinheiro aos pobres. Mais uma vez, nota-se a diferença de prioridades.

Jesus sabia o que Judas estava pensando e o que vinha planejando, mas em lugar de repreendê-lo, Jesus elogiou Maria e sua oferta. Ele disse que aquilo era para Seu sepultamento, dizendo que sempre teriam os pobres por perto, mas Ele partiria em breve para longe deles.

Isto também é um recado para nós. Jesus não deseja que nos concentremos em fazer coisas boas para os outros mais do que em amar ao Senhor. Como resultado de nosso relacionamento de amor com Ele, virão as boas obras. Tudo tem a ver com prioridades. Maria entendeu. Judas não. E quanto a você?

### ▶ MINHA ORAÇÃO

*Querido Deus,*
*Desejo que meu amor por ti seja a coisa mais importante que eu faça. Sei que se eu te colocar em primeiro lugar, todas as demais coisas ficarão no seu devido lugar. Por favor, ajuda-me a colocar as minhas prioridades no lugar certo. Amém.*

### ▶ PAVIMENTANDO O CAMINHO

Eu coloco o amor a Deus sobre todas as coisas.

### ▶ PALAVRA FINAL

*Ó Senhor Deus, como eu te amo! Tu és a minha força.*
SALMO 18:1

# 79. CONFIANÇA TOTAL

## ▶ APRENDENDO DE JESUS, A ROCHA

> Chegou a hora de ser revelada a natureza divina do Filho do Homem. Eu afirmo a vocês que isto é verdade: se um grão de trigo não for jogado na terra e não morrer, ele continuará a ser apenas um grão. Mas, se morrer, dará muito trigo. Quem ama a sua vida não terá a vida verdadeira; mas quem não se apega à sua vida, neste mundo, ganhará para sempre a vida verdadeira. JOÃO 12:23

Jesus estava predizendo Sua morte, e esse dia estava se aproximando cada vez mais. Ele usou a analogia do grão de trigo. Se você olha para um grão de trigo, ele não parece grande coisa, mas tem o potencial de produzir muito mais grãos. Na verdade, num período de vários anos, um simples grão pode produzir uma safra inteira — milhões de grãos. Para que isso aconteça, o grão precisa morrer. Tem de ser enterrado no solo, e a casca dura que o protege precisa ser rompida e se deteriorar para que a germinação comece. Depois disso, o grão pode realmente se tornar uma planta.

Da mesma forma, Jesus sabia que precisava morrer e voltar à vida para que Seus seguidores se fortalecessem na fé e pudessem contar as boas-novas a outros. Ele se tornou como um grão que caiu na terra e morreu, ressuscitando depois para produzir muito mais grãos (mais cristãos), que com o passar do tempo haveriam de se tornar milhões. Jesus confiou implicitamente em Deus, Seu Pai (a ponto de entregar Sua vida), para dar vida a outros.

Jesus usou este exemplo mais tarde para dizer as Seus discípulos que eles deveriam ter a mesma atitude — precisavam confiar suficientemente em Deus para desistir do controle da própria vida e segui-lo. Ele lhes disse que se amassem a vida deles, iriam perdê-la. Todos, exceto Judas, levaram Suas palavras a sério porque confiaram em Jesus e o amaram mais do que a própria vida. Na verdade, dez dentre eles foram mortos por causa de sua fé. Mas a morte deles inspirou outros a se tornarem cristãos, e como a semente que morre, eles se tornariam parte do milagre de milhões que se converteram. Essa é a confiança máxima.

Porém, as palavras de Jesus não foram apenas para Seus discípulos. Ele sabe que se amarmos nossa própria vida mais do que o amamos, finalmente perderemos nossa fé — e a Ele também. Por não querer nos perder, Jesus nos encoraja a amá-lo com tudo o que temos, mesmo até a morte, e Ele sabe que isso exige total confiança.

## ▶ MINHA ORAÇÃO

*Querido Deus,*
*Provavelmente eu não tenha que entregar fisicamente minha vida por causa da fé, mas ajuda-me a ter aquela total confiança que me permite amar o Senhor com cem por cento do meu ser. Desejo amar-te mais do que amo a minha vida. Amém.*

## ▶ PAVIMENTANDO O CAMINHO

Eu confio o suficiente em Deus para amá-lo mais do que tudo nesta vida.

## ▶ PALAVRA FINAL

*Porém, se obedecemos aos ensinamentos de Deus, sabemos que amamos a Deus de todo o nosso coração.* 1 JOÃO 2:5

# 80. DISCÍPULOS DEVOTADOS

## ▶ APRENDENDO DE **JESUS, A ROCHA**

> *Quem quiser me servir siga-me; e, onde eu estiver, ali também estará esse meu servo. E o meu Pai honrará todos os que me servem.* JOÃO 12:26

Mais uma vez, Jesus estava falando aos Seus discípulos sobre o total comprometimento, dizendo-lhes que deveriam segui-lo e estar com Ele onde quer que fosse. Ele estava ciente de que Sua morte estava bem próxima, mas também sabia que Seus discípulos não morreriam com Ele — o tempo da morte deles ainda não havia chegado. Então o que Jesus queria dizer? Estava tentando comunicar a ideia de que, mesmo depois de Sua morte e ressurreição, eles ainda deveriam manter um relacionamento com Ele.

Naturalmente, os discípulos não entenderam isto. Ainda não. Mas Jesus estava tentando encorajá-los a continuar servindo-o, mesmo depois que Ele partisse. E sendo Jesus o Filho de Deus, Ele é capaz de cumprir essa promessa.

Tal promessa não era apenas para os discípulos que estavam com Ele naquele dia. Ele convida a todos a segui-lo e a se tornarem Seus discípulos. Então, o que é um discípulo, e como se tornar um? Discípulos são aqueles que *disciplinam* a si mesmo para se tornarem alunos e imitadores de uma pessoa a quem amam e admiram. Discípulos se moldam ao seu líder e desejam mudar seu próprio pensamento, viver para servir e para se tornar como aquela pessoa.

Jesus deseja que Seus seguidores se tornem discípulos dedicados. Ele deseja que invistamos nosso tempo com Ele, que aprendamos dele, e o imitemos em Sua forma de amar e perdoar as pessoas. Ele quer que lhe obedeçamos e lhe sejamos completamente dedicados. Ele promete que quando isso acontecer, o Pai nos honrará.

## ▶ MINHA ORAÇÃO

> Querido Deus,
> Ensina-me a ser Teu discípulo. Mostra-me a maneira como posso seguir-te e estar contigo. Desejo que transformes a minha vida para que eu me torne alguém semelhante a Jesus. Amém.

## ▶ PAVIMENTANDO O CAMINHO

> Comprometo-me a me tornar um discípulo dedicado.

## ▶ PALAVRA FINAL

> Escute os sábios e procure entender o que eles ensinam. Sim, peça sabedoria e grite pedindo entendimento. [...] Se você fizer isso, saberá o que quer dizer temer o SENHOR, e aprenderá a conhecê-lo. PROVÉRBIOS 2:2,3,5

# 81. FILHOS DA LUZ

## ▶ APRENDENDO DE **JESUS, A ROCHA**

> *A luz estará com vocês ainda um pouco mais. Vivam a sua vida enquanto vocês têm esta luz, para que a escuridão não caia de repente sobre vocês. Quem anda na escuridão não sabe para onde vai. Enquanto vocês têm a luz, creiam na luz para que possam viver na luz.* JOÃO 12:35,36

Jesus já tinha afirmado claramente que Ele é a Luz do mundo. Seus discípulos agora entendiam esse fato em sua mente e no coração. Por mais de três anos, eles tiveram experiências com a luz de Jesus de maneira pessoal e bem íntima. Certamente eles se lembravam de como viviam antes de Jesus entrar na vida deles. Seu mundo era um lugar escuro e sem esperança. E por causa do estado em que se encontrava a religião judaica na época, talvez eles tivessem desistido definitivamente de se unir mais intimamente a Deus. Provavelmente cumpririam apenas suas tarefas diárias, o suficiente para sua sobrevivência, para ganhar a vida no seu dia a dia, mas enfrentando todo tipo de dificuldades.

Quando Jesus fez amizade com eles, deve ter sido o momento mais marcante da sua existência. Enquanto ouviam os ensinamentos de Jesus e testemunhavam Seus milagres, a vida daqueles homens se tornava cada vez mais radiante. Agora tinham esperança e um propósito pelo qual viver. E tudo isso aconteceu por causa do relacionamento que eles desenvolveram com Jesus.

No entanto, Jesus começou a contar a Seus discípulos que Ele seria morto e não estaria mais com eles neste mundo. Você pode imaginar o sentimento de trevas que novamente rondava a vida dos discípulos? Será que eles poderiam entender que teriam de passar por um breve período de escuridão? Geralmente, isso é o que sentimos ao ficarmos separados de Jesus — frio, solidão, vazio, peso na mente, depressão, confusão... trevas. A esperança desaparece, o coração fica abatido, a vida perde sua cor e seu propósito, e começamos a vacilar.

Felizmente, para os discípulos, as trevas durariam apenas três dias, mas lhes pareceu que essa escuridão nunca acabaria. Talvez, para eles aquele tempo tenha se tornado uma vívida lembrança de que jamais desejariam viver outra vez nas trevas. E quem iria querer isso?

Você também não precisa viver nas trevas. Jesus promete que quando você tem fé nele, Sua luz brilhará por seu intermédio. E o que acontece quando a luz de Jesus está em você? Você pode enxergar tudo sem tropeçar. Você pode seguir seu caminho sem se perder. Os outros podem olhar para você e ver Deus.

## ▶ MINHA ORAÇÃO

> Querido Deus,
> Por favor, faz Tua luz brilhar em mim. Não quero viver em trevas — nunca mais! Preciso que a Tua luz me mostre aonde devo ir e como viver para que minha vida tenha cor e calor. Amém.

## ▶ PAVIMENTANDO O CAMINHO

> A luz de Jesus me concede vida.

## ▶ PALAVRA FINAL

> *Ali não haverá mais noite, e não precisarão nem da luz de candelabros nem da luz do sol, pois o Senhor Deus brilhará sobre eles. E reinarão para todo o sempre.* APOCALIPSE 22:5

# 82. A LUZ DE DEUS

## ▶ APRENDENDO DE **JESUS, A ROCHA**

*Quem crê em mim crê não somente em mim, mas também naquele que me enviou. Quem me vê, vê também aquele que me enviou. Eu vim ao mundo como luz para que quem crê em mim não fique na escuridão.* JOÃO 12:44-46

Jesus tinha apenas mais um breve período de vida terrena e Ele realmente queria colocar algumas coisas no seu devido lugar. Sim, Ele já havia dito coisas semelhantes, mas sabia que Seus discípulos (e todos os demais) nem sempre compreendiam o significado de tudo na primeira vez que ouviam. Na verdade, foi por isso que Seus discípulos memorizaram Suas palavras, e assim puderam guardá-las em seu coração para lembrarem delas mais tarde. Então puderam compartilhar essas palavras de vida com outras pessoas quando Jesus voltou ao Céu, e também puderam realmente deixar tudo isso escrito para os futuros cristãos, e assim eles poderiam ouvir e memorizar esses ensinos.

Novamente Jesus deixou bem claro como um cristal que, quando cremos nele, também cremos no Pai. Ele e Deus são um. Você não pode ter um sem o outro. Você ama a Jesus, você ama a Deus. Você serve a Jesus, você serve a Deus. Eles são integralmente unidos — nada os separa. Jesus deseja que saibamos que Ele está ligado ao Pai e nós igualmente estamos unidos a Deus por causa dele. Nada pode ficar entre nós e Deus.

Nos dias de Jesus, os líderes ergueram uma espécie de muro de separação entre as pessoas e Deus. Eles montaram uma barreira de leis que tornava difícil para as pessoas saber quem o Senhor realmente era. Porém, Jesus derrubou essa barreira ao afirmar: "Quem vê a mim vê a Deus". Logo, não há mais a necessidade de intermediários.

Novamente Jesus declarou que Ele é a Luz do mundo, uma luz que veio do Céu para nos ajudar. Quando estamos unidos a Jesus, não mais vivemos em trevas. E como resultado, não vivemos tropeçando aqui e ali. Se alguma vez tropeçarmos, isso poderá nos lembrar de que não estamos permitindo que a luz de Deus brilhe sobre nós tanto quanto Ele deseja — o tanto que necessitamos dela.

## ▶ MINHA ORAÇÃO

*Querido Deus,*
*Obrigado por enviares Jesus para que eu tenha um*
*relacionamento com o Senhor que durará para sempre.*
*Obrigado por Tua luz. Quero recebê-la em minha vida.*
*Amém.*

## ▶ PAVIMENTANDO O CAMINHO

Quando vejo a Jesus, eu vejo a Deus.

## ▶ PALAVRA FINAL

*Pois eu tenho a certeza de que nada pode nos separar do amor de Deus: nem a morte, nem a vida; nem os anjos, nem outras autoridades ou poderes celestiais; nem o presente, nem o futuro; nem o mundo lá de cima, nem o mundo lá de baixo. Em todo o Universo não há nada que possa nos separar do amor de Deus, que é nosso por meio de Cristo Jesus, o nosso Senhor.* ROMANOS 8:38,39

# 83. PALAVRAS DE VIDA

### ▶ APRENDENDO DE **JESUS, A ROCHA**

> *Se alguém ouvir a minha mensagem e não a praticar, eu não o julgo. Pois eu vim para salvar o mundo e não para julgá-lo. Quem me rejeita e não aceita a minha mensagem já tem quem vai julgá-lo. As palavras que eu tenho dito serão o juiz dessa pessoa no último dia. Eu não tenho falado em meu próprio nome, mas o Pai, que me enviou, é quem me ordena o que devo dizer e anunciar. E eu sei que o seu mandamento dá a vida eterna. O que eu digo é justamente aquilo que o Pai me mandou dizer.* JOÃO 12:47-50

Se você encontrar um rapaz faminto e lhe oferecer comida, mas ele disser: "não, obrigado", e então morrer de fome, você seria considerado culpado? Nessa mesma linha de pensamento, se uma garota estiver morrendo de sede e você lhe oferecer água, mas ela se recusar a beber e morrer por desidratação, você seria culpado? Você seria a causa da morte dessas pessoas? Poderia um juiz condená-lo como assassino? Claro que não! Você tentou ajudar essas pessoas, mas elas recusaram sua ajuda. Elas provocaram a própria morte.

Não é diferente quando Jesus nos oferece Suas palavras de vida. Se rejeitamos Suas palavras, se nos recusamos a ouvi-las, não é nossa própria responsabilidade a perda da vida eterna? Jesus afirmou que não veio para julgar o mundo. É exatamente o oposto — Ele veio para salvar o mundo. E isso significa *todas as pessoas* no mundo. Ele deseja que cada pessoa que habita neste planeta ouça Suas palavras, e que cada pessoa as receba pelo que elas realmente significam — palavras de vida.

Porém, Ele não pode forçar as pessoas a fazerem isso, e também não as julga por rejeitarem Suas palavras. Esse não é Seu trabalho. Além disso, Ele não precisa julgar ninguém, porque aqueles que rejeitam Suas palavras de vida já estão selando seu próprio destino. Assim como o rapaz que recusa a comida e a garota que rejeita a água, cada um de nós é responsável pelas consequências negativas de uma decisão errada — nossa própria morte. Jesus nos dá muitas oportunidades, desde agora até nosso último suspiro de vida, para repensar nossas decisões. Ele não deseja que ninguém se perca.

## ▶ MINHA ORAÇÃO

*Querido Deus,*
*Obrigado por me concederes Tuas palavras de vida. Por favor, ajuda-me a guardá-las, a crer nelas, e a partilhá-las com os outros. Amém.*

## ▶ PAVIMENTANDO O CAMINHO

As palavras de Jesus me enchem com vida.

## ▶ PALAVRA FINAL

*Eu estou dizendo isso para que a minha alegria esteja em vocês, e a alegria de vocês seja completa.* JOÃO 15:11

# 84. UM CORAÇÃO DE SERVO

## ▶ APRENDENDO DE **JESUS, A ROCHA**

> *Vocês entenderam o que eu fiz? Vocês me chamam de "Mestre" e de "Senhor" e têm razão, pois eu sou mesmo. Se eu, o Senhor e o Mestre, lavei os pés de vocês, então vocês devem lavar os pés uns dos outros. Pois eu dei o exemplo para que vocês façam o que eu fiz. Eu afirmo a vocês que isto é verdade: o empregado não é mais importante do que o patrão, e o mensageiro não é mais importante do que aquele que o enviou. Já que vocês conhecem esta verdade, serão felizes se a praticarem.* JOÃO 13:12-17

Jesus é Deus — Deus vindo à Terra — para ser luz, vida e verdade, e para nos mostrar o caminho para o reino de Deus, onde Ele reina para sempre. Mesmo assim, Ele se ajoelhou e lavou os pés sujos dos Seus discípulos.

Nos dias de Jesus, era costume lavar os pés dos convidados quando eles chegavam para uma visita, mas essa era uma tarefa realizada pelos servos menos importantes ou pelos escravos. O propósito de lavar os pés tinha um duplo sentido. Primeiro, fazia parte da boa etiqueta e era uma forma de honrar os convidados. Segundo, as pessoas calçavam sandálias e caminhavam por estradas cheias de poeira, então seus pés ficavam sujos. Logo, lavá-los além de uma questão de higiene mantinha a casa limpa. Mesmo assim, não era uma obrigação que os servos tinham prazer em cumprir.

Porém, Jesus disse aos Seus discípulos, os quais estavam claramente se sentindo desconfortáveis vendo-o ajoelhado aos pés deles, esfregando seus dedos sujos, que Ele estava fazendo isso para lhes dar um exemplo. Ele lhes deixava assim outra vívida imagem — algo que pudessem lembrar quando o Senhor não estivesse mais com eles — sobre quão importante era que seguissem Seu exemplo, servindo uns aos outros.

Jesus era o Servo do amor — Ele veio para servir, pois colocava as necessidades dos outros acima das Suas, a ponto de até mesmo morrer na cruz. A razão pela qual Ele fez isso foi simplesmente porque nos ama. Cristo serviu com pureza de coração. E deseja que o imitemos servindo àqueles que estão ao nosso redor. Talvez isso signifique ajudar alguém a seguir em frente, mesmo antes de você buscar suas próprias conquistas. Ou talvez ser um bom ouvinte para alguém que precisa de um amigo. Se você pedir, Deus pode lhe mostrar, e se desejar, Deus pode colocar você para servir.

### ▶ MINHA ORAÇÃO

*Querido Deus,*
*Obrigado por me amares tanto, a ponto de escolheres te humilhar para me servir, morrendo na cruz. Aumenta meu amor por ti e pelos outros, de modo que eu possa imitar o Teu coração de amor. Amém.*

### ▶ PAVIMENTANDO O CAMINHO

Eu aprendo a servir imitando Jesus.

### ▶ PALAVRA FINAL

*Você mesmo deve ser, em tudo, um exemplo de boa conduta. Seja sincero e sério quando estiver ensinando. Use palavras certas, para que ninguém possa criticá-lo e para que os inimigos fiquem envergonhados por não terem nada de mau a dizer a nosso respeito.* TITO 2:7,8

# 85. REVELAÇÃO COMPLETA

### ▶ APRENDENDO DE **JESUS, A ROCHA**

> *Não estou falando de vocês todos; eu conheço aqueles que escolhi. Pois tem de se cumprir o que as Escrituras Sagradas dizem: "Aquele que toma refeições comigo se virou contra mim". Digo isso a vocês agora, antes que aconteça, para que, quando acontecer, vocês creiam que "Eu Sou Quem Sou". Eu afirmo a vocês que isto é verdade: quem receber aquele que eu enviar estará também me recebendo; e quem me recebe, recebe aquele que me enviou.* JOÃO 13:18-20

Jesus deu a entender previamente que um dos Seus discípulos — um dos homens a quem Ele amou e serviu — iria traí-lo, levando-o a ser preso e, de fato, ser condenado à morte. Na verdade, isso estava por acontecer. Judas Iscariotes havia planejando trair Jesus por 30 moedas de prata, enquanto permanecia assentando à mesa com Jesus, ouvindo-o falar, e agindo como se nada estivesse errado.

Entretanto, em lugar de chamar Judas para uma conversa séria e apontá-lo como um vilão, dando-lhe uma conveniente sacudida no pescoço, Jesus simplesmente fez uma revelação esclarecedora para os demais discípulos, lembrando-os de que muito tempo atrás os profetas haviam predito o que deveria acontecer. Ele desejava tornar as coisas perfeitamente claras para que, quando Judas cumprisse o que estava para fazer, os demais discípulos pudessem se lembrar das palavras de Jesus e compreender por que tudo havia acontecido daquela maneira. Jesus não queria deixá-los sem saber acerca destes acontecimentos, e queria demonstrar que a traição de Judas era mais um fato que assegurava aos discípulos que Ele era quem dizia ser — o Messias, o Filho de Deus, a salvação deles. Sem mais surpresas. Revelação completa.

Jesus também desejava que Seus discípulos soubessem que Ele não os estava colocando na mesma categoria de Judas. Sabia quem eles eram, e confiava neles em relação à mensagem que lhes tinha entregue. Sabia, também, que seriam fiéis à Sua mensagem depois de Sua partida, e lhes assegurou que Seu Pai estaria tão satisfeito com eles que os receberia com prazer em Seu reino.

Da mesma forma, Deus terá prazer com seu testemunho quando você partilhar a mensagem dele com os outros. Ele também fará uma parceria com você, mostrando-lhe as melhores oportunidades em sua vida diária. Tudo começa com um coração disposto.

## ▶ MINHA ORAÇÃO

*Querido Deus,*
*Muito obrigado por te revelares a mim. Por favor, escreve Tuas palavras em meu coração e faz a Tua luz brilhar através de mim, de modo que todos os que me veem percebam o Teu agir em mim. Amém.*

## ▶ PAVIMENTANDO O CAMINHO

Quando revelo quem Deus é, torno-me Seu mensageiro.

## ▶ PALAVRA FINAL

*E o mundo passa, com tudo aquilo que as pessoas cobiçam; porém aquele que faz a vontade de Deus vive para sempre.*
1 JOÃO 2:17

# 86. A MARCA DO AMOR

## ▶ APRENDENDO DE **JESUS, A ROCHA**

> *Eu lhes dou este novo mandamento: amem uns aos outros. Assim como eu os amei, amem também uns aos outros. Se tiverem amor uns pelos outros, todos saberão que vocês são meus discípulos.* JOÃO 13:34,35

Jesus fez afirmações bastante fortes sobre o amor. Ele nos mandou amar nossos semelhantes da mesma forma que amamos a nós mesmos. Também nos ordenou que amemos nossos inimigos. Por mais simples que esses mandamentos possam parecer, eles não são fáceis de serem cumpridos. Amar o semelhante como você ama a si mesmo não é algo que acontece naturalmente. E amar seus inimigos — bem, isso é realmente uma coisa bem difícil.

Agora Jesus estava dando um novo mandamento que mostrava o verdadeiro significado de amar os semelhantes, e com mais alguns detalhes. Ele desafiou Seus discípulos (e a todos os Seus seguidores no futuro) a amar as pessoas da mesma forma como Ele as ama. Pense nisto: o modo como Jesus amou o mundo foi deixar para trás tudo o que Ele tinha no Céu e vir para a Terra. Ele se tornou um servo de todos, ajudando as pessoas, curando-as e as ensinando. Então mostrou o mais incrível sacrifício de amor ao entregar Sua vida para que pudéssemos todos ser perdoados e recebidos em Seu reino. O amor simplesmente não pode oferecer nada melhor do que isso. O que Ele nos pede não é algo pequeno — seguir Seu exemplo de amar as pessoas como Ele as amou.

Como fazemos isso? Primeiro, convidamos Jesus, o autor do amor, para nos conduzir. Isso significa que, acima de tudo o mais, estamos recebendo e também retribuindo Seu amor, porque é por meio de nosso relacionamento com Ele que podemos começar a amar nossos semelhantes. Então precisamos nos lembrar do princípio básico do amor que Jesus ensinou. "Ame os outros como você ama a você mesmo" (Mateus 22:39) quer dizer amar os outros (incluindo nossos inimigos) da mesma maneira como desejamos ser amados — da forma como Jesus nos ama. Isso significa que nosso amor deve ser incondicional, gentil, honesto, intenso, sem egoísmo, genuíno, generoso, profundo e assim por diante. E não se esqueça de que esse amor caminha lado a lado com o perdão. Amor sem perdão não é amor.

Quando vivenciamos esse tipo de amor perdoador, é como se estivéssemos revelando uma marca — um sinal que demonstra que pertencemos a Deus!

## ▶ MINHA ORAÇÃO

*Querido Deus,*
*Obrigado por me amares! Quero amar os outros desse mesmo jeito. Ajuda-me a aprender do Senhor para que meu amor demonstre o Teu amor aos outros. Amém.*

## ▶ PAVIMENTANDO O CAMINHO

*Quando eu amo do mesmo jeito que Jesus, as pessoas veem Deus agindo em mim.*

## ▶ PALAVRA FINAL

*Quem ama é paciente e bondoso. Quem ama não é ciumento, nem orgulhoso, nem vaidoso. Quem ama não é grosseiro nem egoísta; não fica irritado, nem guarda mágoas. Quem ama não fica alegre quando alguém faz uma coisa errada, mas se alegra quando alguém faz o que é certo. Quem ama nunca desiste, porém suporta tudo com fé, esperança e paciência.* 1 CORÍNTIOS 13:4-7

# 87. SEGUNDAS CHANCES

## ▶ APRENDENDO DE **JESUS, A ROCHA**

*Simão Pedro perguntou a Jesus:*
*— Senhor, para onde é que o senhor vai?*
*Jesus respondeu:*
*— Você não pode ir agora para onde eu vou. Um dia você poderá me seguir!*
*Pedro tornou a perguntar:*
*— Senhor, por que eu não posso segui-lo agora? Eu estou pronto para morrer pelo senhor!*
*— Está mesmo? — perguntou Jesus. — Pois eu afirmo a você que isto é verdade: antes que o galo cante, você dirá três vezes que não me conhece.* JOÃO 13:36-38

Você se lembra exatamente de quando Pedro respondeu à pergunta de Jesus "Quem vocês dizem que eu sou?", Jesus ficou tão satisfeito que disse a Pedro: "Sobre esta pedra construirei a minha igreja". Mas, agora Jesus estava dizendo a ele que antes da manhã seguinte, Pedro o negaria não uma, mas três vezes! Pobre Pedro! Como você acha que ele se sentiu nesse momento? Ou, quem sabe, ele não tenha acreditado nisso. Afinal, amava a Jesus de todo o coração. Como poderia negá-lo três vezes? Só que o Mestre estava certo — Pedro realmente o negou três vezes. Certamente, isso aconteceu por causa do medo de que ele pudesse ser preso e torturado, mas o fato aconteceu mesmo.

A verdadeira razão que levou Pedro a negar Jesus foi porque ele estava confiando em sua própria força, e ela não era suficiente, especialmente quando as coisas estavam ficando cada vez mais difíceis. Mais tarde, depois de Sua morte e ressurreição, Jesus voltou para conceder a

Pedro e aos demais seguidores uma espécie de superpoder (conhecido como o Espírito Santo). Depois disso, Pedro não somente permaneceu totalmente fiel a Jesus, mas também se tornou uma rocha espiritual, como Jesus havia descrito antes — e se tornou uma importante parte no fundamento da Igreja Primitiva.

Jesus dá segundas e terceiras chances, e tantas chances quanto precisarmos, porque Ele sabe que, assim como, Pedro, nós teremos uma explosão de resultados no trabalho. Podemos até negar que conhecemos Jesus quando virarmos a próxima esquina. Mas se nos voltarmos para Ele, como Pedro, e se permitirmos que Ele nos capacite com o poder do Seu Espírito, nossa fé se fortalecerá, e acabaremos aprendendo com nossos erros. Jesus irá nos usar de uma forma que nem conseguiremos imaginar.

## ▶ MINHA ORAÇÃO

*Querido Deus,*
*Jamais quero negar-te, mas se eu o fizer, por favor,*
*lembra-me de que tu sempre ofereces segundas chances.*
*Por favor, fortalece minha fé com o poder do Teu Espírito*
*Santo para que eu te sirva de todo o coração. Amém.*

## ▶ PAVIMENTANDO O CAMINHO

Quando eu precisar, Deus vai me dar uma segunda chance.

## ▶ PALAVRA FINAL

*Mas, se confessarmos os nossos pecados a Deus, ele cumprirá a sua promessa e fará o que é correto: ele perdoará os nossos pecados e nos limpará de toda maldade.*
1 JOÃO 1:9

# 88. LAR, DOCE LAR

## ▶ APRENDENDO DE **JESUS, A ROCHA**

> *Não fiquem aflitos. Creiam em Deus e creiam também em mim. Na casa do meu Pai há muitos quartos, e eu vou preparar um lugar para vocês. Se não fosse assim, eu já lhes teria dito. E, depois que eu for e preparar um lugar para vocês, voltarei e os levarei comigo para que onde eu estiver vocês estejam também. E vocês conhecem o caminho para o lugar aonde eu vou.* JOÃO 14:1-4

Talvez, estas sejam as palavras mais tranquilizadoras já pronunciadas. Jesus nos oferece uma promessa de valor inestimável que pode nos conduzir seguros através de tempos difíceis. Dá-nos a Sua palavra de que algum dia estaremos com Ele no Céu. Porém, antes disso, Ele nos diz que não devemos ficar aflitos, o que basicamente significa não ficarmos com medo nem preocupados. Ele sabe que teremos de enfrentar alguns momentos terríveis, tempos em que será mais fácil sentir-se consumido por temores e preocupações. Porém, Ele nos diz que devemos confiar em Deus e também nele, e a seguir nos fala sobre o lugar que está preparando para nós.

Jesus não apresenta muitos detalhes de como será o Céu. Porém, observe a enorme criatividade de Deus e quão bela Ele fez a Terra; pense em alguns de seus lugares favoritos neste planeta (como fantásticas montanhas, praias maravilhosas, místicas florestas tropicais, ou paraísos exuberantes). Se multiplicarmos essas maravilhas naturais muitas e muitas vezes (porque o Céu vai ofuscar totalmente a Terra), poderemos então começar a ter uma pequenina ideia de quão incrível será nosso lar celestial.

E a promessa não termina aqui. Não, Jesus deseja que saibamos que Ele vai pessoalmente nos guiar para este lugar. Como e quando isto acontecerá ainda é um mistério, no entanto é razoável pensar que Jesus não vai nos deixar oscilando entre esta vida e a próxima. Tudo o que precisamos é amá-lo, confiar nele e servi-lo até que esse tempo chegue.

## ▶ MINHA ORAÇÃO

*Querido Deus,*
*Obrigado porque há um lugar reservado para mim em Tua casa. Admito que não posso imaginar quão fantástico tudo isso será, mas creio em ti e sei que não me desapontarás. Amém.*

## ▶ PAVIMENTANDO O CAMINHO

*Eu confiarei em Deus durante esta vida e na que está por vir.*

## ▶ PALAVRA FINAL

*De fato, nós sabemos que, quando for destruída esta barraca em que vivemos, que é o nosso corpo aqui na terra, Deus nos dará, para morarmos nela, uma casa no céu. Essa casa não foi feita por mãos humanas; foi Deus quem a fez, e ela durará para sempre.* 2 CORÍNTIOS 5:1

# 89. O CAMINHO, A VERDADE E A VIDA

## ▶ APRENDENDO DE **JESUS, A ROCHA**

> *Eu sou o caminho, a verdade e a vida; ninguém pode chegar até o Pai a não ser por mim. Agora que vocês me conhecem, conhecerão também o meu Pai. E desde agora vocês o conhecem e o têm visto.* JOÃO 14.6,7

Três palavras comuns — *caminho, verdade, vida*. Mas quando conectamos estas três pequenas palavras a Jesus, elas se tornam tudo. Na verdade, do que mais precisamos?

*Jesus é o Caminho*. Ele nos mostra por onde devemos andar. Ao crermos nele, é como se entrássemos neste incrível navio que nos transporta até Deus. Por certo, pode haver mar agitado, e algumas vezes pode parecer que Ele esteja dizendo que devemos ir aonde não queremos, mas Ele nos conduzirá ao destino certo. E será uma viagem da qual jamais iremos nos esquecer.

*Jesus é a Verdade*. Vivemos num mundo cheio de trapaceiros. Enganos e mentiras chegam até nós regularmente, e algumas vezes é difícil saber quem, de fato, está dizendo a verdade. Talvez as sedutoras, mas falsas afirmações feitas pelos gurus do marketing estejam tentando vender a sua "mais recente e melhor" descoberta, um inimigo se passando por amigo, ou alguém tentando nos espionar na internet. Mas Jesus é a verdade. Seu amor e Seu perdão são autênticos. Podemos confiar nele e em Sua palavra e nunca seremos desapontados. Ele é absolutamente verdadeiro.

*Jesus é a Vida*. Sem Jesus, na verdade não estamos vivendo. Ah, podemos estar respirando, comendo e andando, mas não estaremos realmente vivos. Jesus é como uma incrível transfusão de vida que nos restaura e nos revigora, conduzindo-nos a um lugar em que nos sentimos totalmente envolvidos, onde nos tornamos apaixonados, e onde verdadeiramente experimentamos a vida plena que Deus planejou para nós desde o início. Isso é vida de verdade!

## ▶ MINHA ORAÇÃO

*Querido Deus,*
*Obrigado porque és tudo o que preciso — a fórmula perfeita. És o* Caminho *que me guia, a* Verdade *que nem consigo imaginar, e a* Vida *que me dá força para agir.*
*Amém.*

## ▶ PAVIMENTANDO O CAMINHO

Jesus me concede tudo o que preciso — o caminho, a verdade e a vida.

## ▶ PALAVRA FINAL

*Quando a verdadeira mensagem, a boa notícia do evangelho, chegou a vocês pela primeira vez, vocês ouviram falar a respeito da esperança que o evangelho oferece.*
COLOSSENSES 1:5

# 90. PROMESSA MARAVILHOSA

### ▶ APRENDENDO DE **JESUS, A ROCHA**

*Creiam no que lhes digo: eu estou no Pai e o Pai está em mim. Se vocês não creem por causa das minhas palavras, creiam pelo menos por causa das coisas que eu faço. Eu afirmo a vocês que isto é verdade: quem crê em mim fará as coisas que eu faço e até maiores do que estas, pois eu vou para o meu Pai. E tudo o que vocês pedirem em meu nome eu farei, a fim de que o Filho revele a natureza gloriosa do Pai. Eu farei qualquer coisa que vocês me pedirem em meu nome.* JOÃO 14:11-14

Você consegue acreditar que pode fazer todas as coisas que Jesus fez em Sua vida terrena? Ou coisas ainda maiores? Você sabe que pode fazer que um cego volte a ver, um cadeirante possa andar normalmente, ou alimentar todos os colegas de escola no refeitório apenas com o lanche que trouxe em sua mochila? Parece improvável, não é mesmo? Mesmo que pareça impossível, Jesus diz que tudo isso *pode* acontecer — se você acreditar nele.

Incrivelmente, isso ocorreu com os discípulos de Jesus. Depois de Sua morte e ressurreição, Ele retornou para conceder aos discípulos Seu Espírito Santo, e de repente começaram a surgir milagres aqui e ali. Todos os que testemunhavam estas coisas, incluindo os discípulos, ficavam totalmente deslumbrados. Milhares de pessoas se converteram à fé cristã. Deve ter sido uma alegria imensa.

Mesmo assim, você pode ficar pensando, se isso é possível acontecer ainda hoje. Esta promessa era estendida a todos? Você precisa colocá-la dentro de uma perspectiva correta. Jesus disse muitas vezes que Suas promessas não estavam limitadas a Seus discípulos ou a Seus seguidores no passado — há mais de 2 mil anos; elas são para todas as pessoas no decorrer de todos os séculos.

Assim, a conclusão tem de ser que esses milagres *podem* acontecer. Na verdade, há muitos milagres modernos. Alguns dos mais impressionantes milagres têm acontecido em países subdesenvolvidos, onde as pessoas estão mais desesperadas e, consequentemente, sua fé precisa ser fortalecida. Mesmo assim, precisamos nos lembrar desta promessa e nos apegar a ela: Jesus disse que atenderá a todo aquele que pedir em Seu nome. A chave aqui é pedir em Seu nome — pedir de acordo com a vontade dele, conforme a Sua vontade. Isto significa que devemos estar fortemente unidos a Ele, permitindo que Sua vida esteja em nós. É só assim, então, que qualquer coisa extraordinária poderá acontecer!

## ▶ MINHA ORAÇÃO

*Querido Deus,*
*Quero que minha fé cresça. Creio que podes fazer grandes coisas por meu intermédio. Isso significa que preciso ficar bem perto de ti. Preciso que a Tua vida esteja em mim. Amém.*

## ▶ PAVIMENTANDO O CAMINHO

Com a ajuda de Deus posso fazer muitas coisas boas.

## ▶ PALAVRA FINAL

*Certamente a tua bondade e o teu amor ficarão comigo enquanto eu viver. E na tua casa, ó* Senhor*, morarei todos os dias da minha vida.* SALMO 23:6

# NOTAS

▶ NOTAS

# NOTAS

# ▶ NOTAS

# NOTAS

# ▶ NOTAS